中小ベンチャー企業経営者のための

“超”入門 M&A

公益社団法人　日本証券アナリスト協会　検定会員

佐々木 敦也［著］

Jam House

プロローグ

日本は今、劣化しつつあるのだろうか？世界の奇跡ともいわれた戦後の日本経済は、「一億総中流化」すなわち極端な大金持ちも貧しい人もいない「分厚い中間層」の存在が大きな強みであったといえる。しかし、人口減少・超高齢化社会の到来は、この国の経済に確実にジワジワと負のインパクトを与えている。特に地方においてその影響が大きく、長引く地域経済の衰退や過疎化により、地域経済の活性化は待ったなしの状況である。

最近のある調査によると、納税者1人当たりの年間平均所得について格差の度合いを示す不平等の指標※「**ジニ係数**」を年ごとに求めたところ、2013年は係数が上昇し、格差が広がったようだ。今後もこの傾向が持続するかどうかは予断を許さないが、安倍政権・アベノミクス政策下で地域間格差が拡大している証左となりそうである。すなわち、賃上げや地域経済活性化への地道な努力より、資産所得、特に株・不動産等の売買が所得の伸びを決めている可能性が高いのだ。そして、株式保有者がいる都市部の地域等がより豊かになり、※トリクルダウン（富の滴り）が働いていないことを示している。フランスの経済学者トマ・ピケティ氏の主張する格差論「資本収益率(r)＞経済成長率(g)」。日本でもこのシンプルな不等式から格差を説明することが合理的になっていきそうな気配である。

※ジニ係数
所得の不平等感を0～1の間で示す数値。「0」は完全な横並びで、数値が高いほど格差が開き、「1」は1人だけに所得が集中する状態となる。
※トリクルダウン（trikle down）
「徐々にあふれ落ちる」や「浸透する」という意味があり、経済活動を活性化するためには「裕福な者をさらに裕福にすることで、その富が貧困者まで徐々にあふれ落ちていく（浸透する）」というもの。

さて、日本の国内総生産（GDP）の70％、雇用の80％を支えているのは、地域密着で対面型のサービス（流通、運輸、社会福祉、飲食、観光）などを提供する中小企業だ。

現在、日本全国に存在する企業・個人事業所の数は、385万社と言われる。これを中小企業庁が区分する「大企業」（0.3％）「中小企業」（12.7％）「小規模企業」（87.0％）に分類すると、「中小・小規模企業」の割合は、実に全体の99％を超える比率となる。

地域経済や日本経済全体にとって、個人事業主を含む中小・小規模事業者が如何に大きな役割を果たしているかが、この比率に如実に現れている。重要なのは地域に密着した中小企業の活性化なのである。

以前の地方経済は大企業・都市圏の回復に依存する「春待ち型」であった。地域振興の中心はあくまで企業誘致であり、地元の企業を真に育成・自律させようとする動きは少なかった。しかし、周知のように、経済のフラット化で生産拠点が海外にシフトし、これまでのように大企業の収益が上がる局面からも地方へのトリクルダウン（富の滴り）

は発生しづらくなっている。大企業から中小企業、都市から地方へのルートが断たれる中、従来型の企業誘致を中心とする成長モデルだけでは地域経済の自律的な好循環は望めない。欧米の地域振興のように、地域の人々が直接参加、関与し、新しい事業・製品・市場の拡大を図っていくスタイルに移行しなければならない。そのためには、繰り返すが、地域を基盤とする内発型産業、すなわちサービス業を中心とする地域密着型産業の強化が急務となっているのだ。

しかしながら、これらの地域経済を構成する中小・小規模事業者の多くは豊かな個性や独自のノウハウを蓄積しているにも関わらず、後継者問題などの様々な課題を抱えているのが現状だ。現在、事業承継・後継者不在で悩んでいる中小企業は全中小企業数の50％以上あるといわれている。また、10年以内に60％が世代交代しなければならず、毎年約12万社が廃業している中で、そのうちの4分の1は後継者不在が原因とみられている。

この後継者問題は、高齢のオーナー社長だけの問題ではない。ベンチャー企業を創業した若手経営者でも早期に事業を売却して、次の夢の実現に向けて新たな出発をしたいという者も多数いる。これらの問題に対しては早い段階から計画を立て、適切に対応していかなければ事業・技術の存続、雇用の維持、ひいては日本経済に甚大な影響を与えてしまう。つまり、問題・課題を抱えた中小企業の「存続・発展」と「生産性向上」を実現するのに、有力な武器として登場するのがＭ＆Ａなのである。

一方、日本では、ベンチャー企業を創業し、事業を譲りたいときに譲れるような会社・事業売買のＭ＆Ａ市場、つまりＭ＆Ａのインフラがまだまだ諸外国に比べ未熟である。開業率が低いのも、**①やりたい事業をまず買収して始めるという慣習がないこと、②創業者利潤の手段としてＩＰＯに比べ、Ｍ＆Ａ利用の認知度が低いこと、③Ｍ＆Ａ市場・Ｍ＆Ａ融資等も整備されていないこと、**なども理由としてある。つまり経営者がＭ＆Ａの手法を使って新陳代謝を積極的に行い、生産性を高め、ダイナミックにいきいきと成長できるようなM&Aインフラをもっと整備していくことが求められている（ただし、インフラ論は本書では述べていない）。

成長戦略で謳われているイノベーションは、新規に技術やビジネスモデルを開発することだけではない。異質な企業同士がM&Aによって、それぞれの既存のリソース（製品、技術、人材、販路、製造方法など）を持ちより、融合することにより、新たな成長モデルを発見することもできる。

具体的には、**①イノベーションが起こせるM&A戦略の立案、②グローバル展開をM&A戦略で加速させる方法、③組織を活性化させるM&Aスキーム、**などが必要である。そこで、ベンチャー企業が加速し、イノベーション推進の原動力となるのに、有力な武器として登場するのがM&Aなのである。

本書は、従来型のM&Aの形態・スキーム、手続き・プロセス、企業価値評価、デューデリジェンス（詳細調査）、契約実務等について詳しく解説した本ではない。上述した問題意識をもとに、我が国の中小ベンチャー企業がM＆Aをどのように活用できるか、またすべきか、という視点に重きをおいてまとめた入門書である。

内容の特徴は

①元M＆Aアドバイザーが客観的・中立的な視点で、
②大企業でない中小ベンチャー企業のM＆A市場を概観し（第1章）、
③M＆Aの買い手（第2章）
④M＆Aの売り手（第3章）　それぞれの立場で知っておくべきポイントを述べ、
⑤中小ベンチャー企業のM＆A成功のカギを握るM＆Aアドバイザーについて解説をしている（第4章）。そして、
⑥中小ベンチャー企業M＆Aのイメージを持ってもらうために、実際私が経験したケースを元にM＆Aの失敗例、成功例それぞれ2つ計4つを紹介している（第5章）。

本書で記したM＆Aの内容は、中小ベンチャー企業がM＆Aを武器に日本の成長戦略の核になり、地域経済・日本経済を活性化させてくれることを切に祈って執筆した。

そして、①中小ベンチャー企業M＆Aの買い手となる人々、②中小ベンチャー企業M＆Aの売り手となる人々、③中小ベンチャー企業M＆Aのアドバイザー・専門家等支援する人々、④中小ベンチャー企業M＆Aに関心があり、チャンスがあれば関わりたいと考えている人々などに是非読んでいただきたい。

さあ、それでは中小ベンチャー企業M＆Aの世界をご案内していこう！

第4章 M&Aアドバイザーを選定したい！

第5章 中小ベンチャー企業のM&A事例を知りたい!

第1章

中小ベンチャー企業のM&A市場を知りたい！

本章で伝えたいこと

M&Aという言葉自体は、世の中でかなり浸透してきた。まずは、M&Aとは何なのか、アベノミクスにおけるマクロ的意味を考え、特に中小ベンチャー企業の市場や特徴を中心に基本的な解説をする。

1 M&Aとは？

1 M&Aとは？

M&Aとは、英語のMerger（合併）とAcquisition（買収）の略語である。簡単にいうと、①2つ以上の企業が1つの会社に統合する〝合併〟と、②企業または個人が、別会社の経営権・支配権を全体もしくは部分的に獲得（株式や企業部門の取得）する〝買収〟を意味する。また、通常M&Aという場合は、様々な手法（株式交換、株式移転、増資引受、会社分割等）を用いた合併・買収・経営統合に加えて、特定の事業譲渡やゆるやかな資本業務提携までも含めた広い意味での企業間提携の総称として用いている（代表的な手法については、4 M&Aスキーム（手法））。

少し歴史を振り返ってみよう。日本で、最初にM&Aの盛り上がりをみせたのが

１９８０年代後半のバブル期。バブル崩壊とともに一時下火になるが、１９９０年代後半になると法改正が進みＭ＆Ａが増加し始める。Ｍ＆Ａ市場が活発化し、分かっている数だけでも２００６年以降で毎年２０００件以上のＭ＆Ａが成立している（世の中に公表されないＭ＆Ａも多数ある）。

従来Ｍ＆Ａとは、大企業や上場会社の実行する特別な経営手法として理解されていた。２００５年初頭のライブドアによるニッポン放送買収騒動や、村上ファンドなど投資ファンドの台頭により、マスコミでの露出度も飛躍的に増加し、一時はワイドショーでもＭ＆Ａの手法が取り上げられるほどになった。

２００６年に「新会社法」が施行され、**三角合併**（参考１）や手続きの簡素化（参考２）が解禁になるとその結果、中小ベンチャー企業の経営者にとっても「Ｍ＆Ａ」という言葉自体が身近なものとなり、幾度にも及ぶ商法改正の集大成である会社法の施行（参考２）も追い風となって、近年、Ｍ＆Ａは重要な経営戦略として認識されてきた。

では、M＆Aが持つ最大のメリットは何か？　それは「カネで時間を買う」ことにある。つまり、新しい事業分野に自前で進出しようとすると技術の習得や販売網を確保することに加え、人材教育や確保など、構想から実現まで長い時間を費やす。こうした経営資源がある会社を手に入れれば、短期間のうちに新規事業を開始することができ、時間の節約につながる。更に、既に営業実績や資産内容がわかっている会社を取得することにより、他の手段に比べ失敗するリスクが少ないことも挙げられる。特に、事業速度が加速している現代では、M＆Aによる事業展開は企業にとって重要な手段になっているといえるだろう。

2　M＆Aを取り巻く状況

日本企業の関係するM＆A案件の件数は、1993年以降一貫して増加し10数年で4～5倍の件数（1993年の500件以下の水準から2005年～2007年は2500件を超える水準に達した）になった。その後、リーマンショックに代表される金融危機の影響でいわゆる投資ファンドを買い手とするＭ＆Ａ件数が急激に減少したこと等もあり、２００８年、２００９年は全体として減少となったが、それでも２０００件程度の水準を維持しており、この10数年間で日本企業の間にＭ＆Ａがかなり浸透してきたことがわかる。その背景としては、大きく二つの要因が考えられる。

その一つは、日本企業を取り巻く競争環境が激変する中で、自社を存続させまた自社の競争優位を維持・強化していくため**「Ｍ＆Ａを経営戦略の一つとして活用」**することが必須となってきたことだ。

いわゆるバブル経済の崩壊以降、多くの企業はバランスシートリストラの必要にせまられたことからスタートした。その後もデフレ経済が続き、市場規模の拡大が鈍化もしくは縮小するような業界が多くみられる中で、ある企業は**スケールメリットやシナジー（相乗効果）**を求めた統合で熾烈な競争を勝ち抜く戦略を、ある企業は株主価値の向上を一層重視し、経営資源の**「選択と集中」**を積極的に進める戦略を、それぞれＭ＆Ａを用いてノンコア事業や不採算事業を売却し、集約された中核事業においては他社の事業を買収するといった方法で経営に活用を行ったのである。

もう一つは、「後継者問題の深刻化」が挙げられる。

中小企業においては、高度経済成長期以降に創業したオーナーの高齢化が進み、事業承継が大きなテーマとなっている。日本企業を取り巻く競争環境が混迷を極める中、単に後継者が不在なのではなく、跡取りがいても個人の財産を基盤に事業を承継していくことを躊躇せざる得なくなり、将来の競争激化等もにらんで大企業グループの傘下に入るなど、後継者問題を端緒にオーナーチェンジを選択する経営者が増加中である。

大きくはこうした二つの要因に加えて、M&Aや企業再編を活発化させ、株主権の明確化や資本効率の向上により新しい価値を創造することが日本経済活性化に必要との考え方のもと、持株会社の解禁や株式交換制度の創設等に代表される法律・会計・税制等の制度面の変更が進められたことも、M&A件数の増加を後押ししてきたものといえるだろう。

3　中小ベンチャー企業のM&Aの現状

中小ベンチャー企業において、実際には、従前から関連会社の子会社化や、取引先・同業者の救済合併、マーケットリーダーによる代理店の整理などに、「株式譲渡」や「吸収合併」、「営業権譲渡」を主体とした企業の合併や買収は行われてきたが、近年は、M&A専門アドバイザー会社や、メインバンク、さらに証券会社などを情報源として、戦略的に買収先（譲渡先）を探すケースが目立って増加している。

2000年以降のM&Aの統計情報によると、全体の70%（全体が2000件だと推計して1400件程度）が未上場会社の絡むM&Aとなっているという調査もある。つまり、M&Aは、ニュースで騒がれているような巨大企業や上場会社のものだけでなく、むしろ中小ベンチャー企業といった未上場会社によって活用されることが多いものであるといえるだろう。

さらに、未上場会社同士（上場会社の絡まない案件）Ｍ＆Ａ案件は全体の30％弱（全体が２０００件だと推計して６００件程度）と活発に行われているとの結果も示されている。

今後は、中小ベンチャー企業においても、従来の自社のみの情報によるＭ＆Ａではなく、経営戦略の一環として、このような外部情報機関を効果的に利用したＭ＆Ａが増加していくことは間違いない。

4　M&Aの意義・目的とは？

マクロ的な観点（経済学的な観点）からみると、Ｍ＆Ａの社会的な意義は、「資本の効率化による生産性の向上・新たな価値の創造」にある。アベノミクスの成長戦略や地方創生戦略において、政府の方針は「Ｍ＆Ａの促進は、我が国の産業において新陳代謝をすすめ、外部の経営資源を取り入れ、ひいては低収益体質を改善するための重要な課題」とのスタンスをとっている。すなわち、M&Aによって、**企業再編・業界再編**を促し、**企業の成長性（生産性）を高める**土壌を整備し、**地方創生**にも資するべきだといっているのだ。

次にミクロの観点（個別・具体的な観点）から、M&A案件がなぜ行われるのかを考えてみよう。

個別、具体的なM&Aが起こる主な要因を列挙すると次の**(1)**～**(3)**のようなものがある。ただ、一つの案件には売り手（譲渡側）と買い手（譲受側）が必ず存在し、それぞれの当事者も必ずしも一つの目的だけのためにM&Aを実施するわけではないので、これらの目的が複合して案件が行われることには留意が必要だ。

(1)　経営戦略から発生するM&A

①シナジー（相乗効果）追求
②規模の経済性追求

③地域の経済性追求
④経営資源の選択と集中
⑤業界再編成
⑥人材確保

(2)　事業承継から生じるM&A

(3)　※MBOファンドなど金融活動としてのM&A

以上どの目的もその企業単独では行えない「新たな価値の創造」をM&Aによって成し遂げようとしていることに注目しよう。

この「新たな価値の創造」は、現実のM&Aの世界での企業評価に大きな影響を及ぼす。

5 企業（株価）評価法を参照されたい。

5　M&Aのこれからの展望

今や多くの会社、経済人が実際にM&Aを経験し、M&Aを経営戦略の有効な選択肢の一つとして用いる時代になった。Ｍ＆Ａ自体は世の中に大きく浸透したといえる。しかし、そのＭ＆Ａが生み出すはずの「新たな価値の創造」はどこまでその成果があったのだろうか？　バブル崩壊以降長引く低成長経済のもと、Ｍ＆Ａを経営戦略の一つの選択肢として用いるようになるほどに経営の効率化、競争力の強化を進めてきたが、国内市場がますます縮小し、業界全体の地盤沈下が心配されるなど、今後日本企業を取り巻く市場環境は厳しさを増す、という危機感は根強い。さらに、経営者の高齢化とともに後継者問題は依然として継続しているような中で、より効果的に「新たな価値を創造」するためのＭ＆Ａが求められているのだ。

※MBOファンド

MBOとは「Management Buyout（マネジメント・バイアウト）」の略語。

事業の継続を前提として、子会社または事業部門の経営陣が、オーナー・親会社から株式及び経営権を買取り、自らが企業のオーナーとなり独立するための手法をいう。そのMBOを目指す企業に投資をするファンドのことをMBOファンドと呼ぶ。MBOに必要な資金を提供し、MBO後に企業価値が高まってから上場をさせるなり、他の投資家に売却することで収益を上げる投資ファンドの一形態である。

参考6「MBO（マネジメント・バイアウト）とは？」P74を参照のこと。

参考7「投資ファンドによるM&Aについて」P170を参照のこと。

業界環境を一変し業界全体としての競争力を向上させるようなM&A、成長市場であるアジア市場を取り込むためのM&Aなど、今後はM&Aをこれまで以上に積極的に活用していこうという動きが強くなっていくことは間違いない。地場で苦しんでいる中小企業などにとっても、M&Aにより新たな資本が提供され、事業拡大や企業価値増大のチャンスが到来している。そしてこれは相手が外国企業の場合であっても例外ではない（実際、アジアなどの企業に買収されて復活を遂げた企業もある）。M&Aは**「異文化の融合」**ともいえるものであり、新しい文化をつくりだすぐらいの覚悟がいる。経営者は、株主・従業員などのステークホルダー（利害関係者）のために、「企業百年の計」を考え、時には思い切ってこのような「決断」をとることも必要なのである。

6　良いM&Aとは？

実際にM&Aを実施する方にとっての最終的な関心は、よい相手と巡り会えるのか、そしてそのよい相手とよい（望ましい、適正な）条件でM&Aを成立させることができ、複数の会社が組み合わさることにより新しい価値を生み出し、M&Aを成功させることができるのかということにある。

そして、相手や目的によって、そのM&Aの方法（スキーム）は大きく左右される。

統合なのか、組織は一つにしておくのか、二つにするのか、株式取得による子会社化なのか、株式取得の方法は現金による買収か株式交換か、法人全体ではなく法人の一部の事業の取得なのか、といった、手法の選択は、そのM&Aの目的、そして当事者の間をどのように関係づけておくことがその目的に適っているのか等によって大きな影響を受ける。（手法については、**4 M&Aスキーム（手法）**）

また、M&Aの相手、およびその目指す目的は企業価値をはじめとするM&Aの条件に大きな影響を与える。企業価値の単純な計算は、それほど難しいものではない。しかし、大事なポイントは相手の属性や目的によって、企業評価に用いる方法や用いる数値にいわば哲学を盛り込む必要があることだ。そこに現実のM&Aをまとめるための企業評価の難しさがある（一般的な企業評価の方法等については、**5 企業（株価）評価法**）。

これらのM&Aを成立させていくプロセスにおいて、第一義的にはよい相手と巡り合うことが最も重要なこととなる。

仮にA社がB社と組むことで新たに10億の価値を創出できるならば、

●A社株主：より大きな価値を創造するB社を相手として歓迎。
●A社経営：今後、大きなビジネスを行える。
●A社社員：携わるビジネスが大きくなることで仕事が刺激的なものになり自己実現欲求が高まる。会社の業績があがることで給料が増える期待感。
●取引先等：取引量が増えたり、新たな仕事が加わったりする可能性。

等のA社各ステークホルダーのメリットの期待が高まるのである。

M&Aは、戦略の策定から、相手探し、そして相手やその目的に応じたスキームや条件の調整まで、かなり複雑で長い道のりであり、一筋縄ではいかないハードルが待ち構えている。しかし、それを乗り越えて、いかにM&Aの成立およびM&A後の成功を勝ち取っていくか。それが良いM&Aの事例の集積の一部となり、わが国の成長を支える原動力となっていくのである。

［参考1］　M&Aにおける対価の柔軟化

会社法において、「M&Aの対価の柔軟化」により、消滅会社（吸収合併の場合）の株主に対して交付する対価の種類（現金・株式）が柔軟に認められるようになった。

例えば、①合併において存続会社が保有する親会社の株式を消滅会社の株主に対価として交付する「三角合併」や、②消滅会社の株主に金銭のみを交付する「現金合併（キャッシュ・アウト・マネージャー）」、③親会社との株式交換における「三角株式交換」などができるようになった。

ただし、「三角合併」が行われる場合には、消滅会社の株主が判断に必要となる情報開示が求められる。具体的には、親会社の定款、役員構成、事業内容（最終事業年度の事情報告など）、財務状況（最終事業年度の計算書類など）、取引が行われている市場、市場価格の開示が必要（※親会社が外国企業であっても日本語での表示が義務づけられている）になる。また、東京証券取引所では、上場会社を消滅会社とする「三角合併」が行われる場合に、開示すべき情報（親会社に関する情報、対価の選択理由や正当性など）や制度を独自で定めている。

日本で、初めて三角合併が実施されたのは、２００７年に米国シティーグループが、日興コーディアルグループを完全子会社化した事例。この時は、日興の株主に1株あたり１７００円のシティ株が割り当てられ、交換を望まない株主には、株式を現金で買い取った。

［参考2］　M&A手続きの簡素化

会社法では、Ｍ＆Ａに関する手続きの簡素化が図られ、「簡易組織再編（簡易合併）」や「略式組織再編」など、今日における企業再編の後押しとなり、Ｍ＆Ａインフラの整備が進んだ。

①「簡易組織再編（簡易合併）」とは、存続会社と消滅会社において必要となる株主総会特別決議を存続会社では必要としない（取締役会決議で合併承認）簡易合併のことを指す。

「簡易組織再編」が承認されるにはいくつかの要件が必要になる。

(1)吸収合併であること、

(2)存続会社が株式会社であること、

(3)20％ルールに適合すること（存続会社が合併の対価として交付する株式や金額が、存続会社の純資産の20％を超えないこと）。

これらの要件に適合する場合は、簡易組織再編が可能になる。ただし、合併差損が生じる場合や消滅会社の株主に対価として交付される存続会社の株式が譲渡制限株式であり、存続会社が非公開会社等の場合、株主の反対が議決権ベースで6分の1を超えた

2 M&Aのプロセス

場合「簡易組織再編」は承認されない。

②新会社法で新たに創設された「略式組織再編」は、親会社が総株主の議決権の90％以上を保有している支配関係にある子会社を組織再編（合併、事業譲渡、株式交換、会社分割など）する場合、被支配会社での株主総会特別決議が必要なくなることを意味する。ただし、合併の対価が譲渡制限株式である場合など「略式組織再編」が承認されないケースもある。

［図表1］一般的なM&Aのプロセス

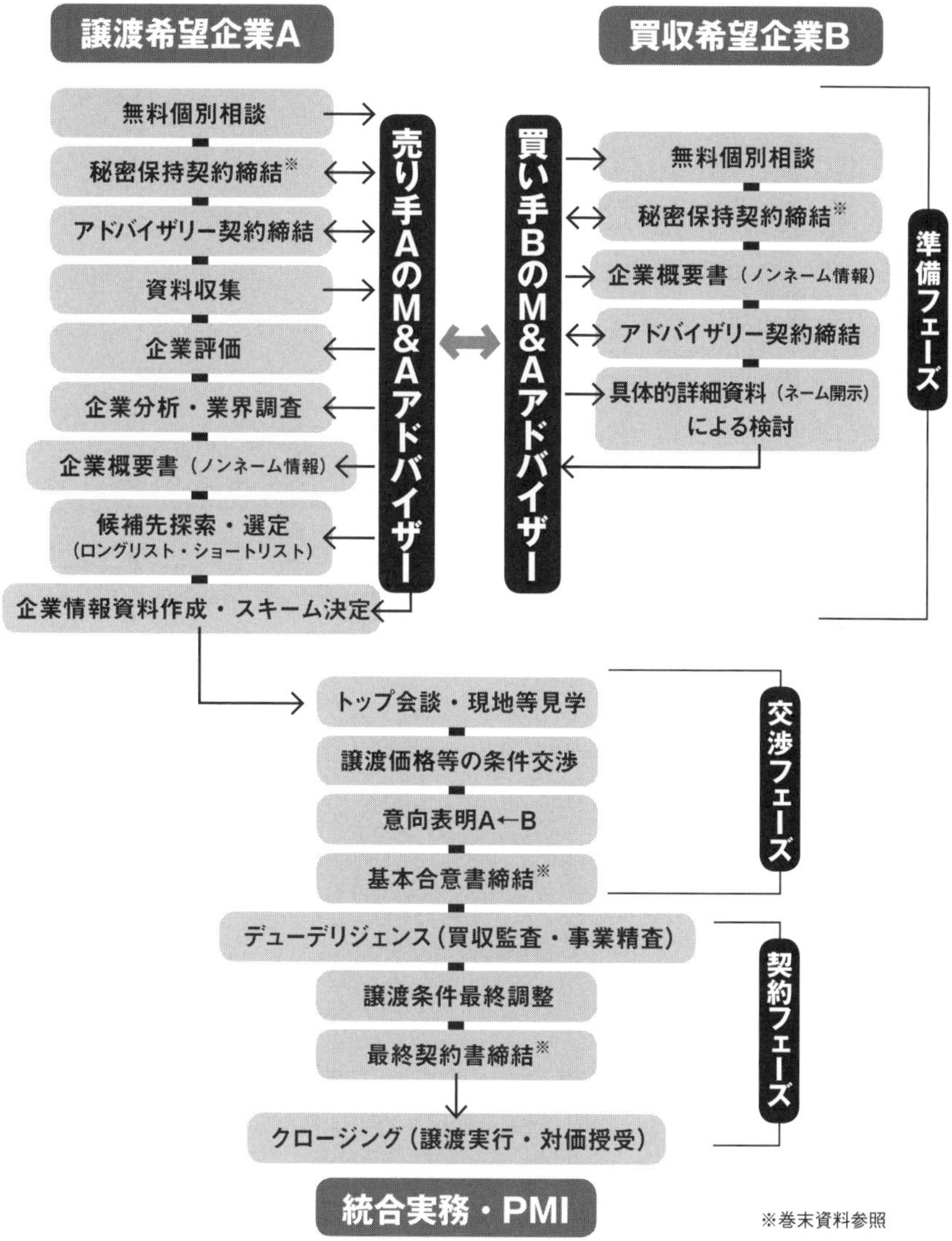

PMI：Post Merger Integration

1 M&Aの具体的なプロセスと主要ポイント

一口にM&Aと言っても、目的や企業規模などによって採るべき形態や手法は異なり、目的が明確でも、M&Aによって得られる効果が期待通りのものになるようなスキーム策定をしてから実行に移さないと、結果的に時間と労力を浪費しただけで意味のないものになってしまう。その意味において、法務面、税務面、会計面、事業面などを多角的に検討して具体的なスキームを描く作業は、M&Aを成功に導くために極めて重要なプロセスだ。

ところで、「いざM&Aを実行しよう」と考えた際に、具体的にはどのようなプロセスを踏んで進めていけばいいのだろうか。スキームや形態によって違いはあるが、一般的なプロセスは図表1のようなステップで進むことが多い。ただし、その具体的な進行プロセス（時間軸や順番、注意すべき事項）はM&Aを予定するクライアントの立場、M&Aに対する考え方、M&Aアドバイザーによってかなりの幅広さがある。ここではあくまで一般的であろう説明を行う。

［図表2］M&Aの一般的なプロセスの主要ポイント

(1) **プレM&A（戦略・目的の明確化）**

↓

(2) 買収先（売却先）の選定（準備フェーズ）

↓

(3) 対象先に関する情報収集・スキーム策定（準備フェーズ）

↓

(4) 対象先とのコンタクト・条件交渉・詳細検討（交渉フェーズ）

↓

(5) 基本合意書（LOI）の締結（交渉フェーズ）

↓

(6) デューデリジェンス実施（契約フェーズ）

↓

(7) 最終契約書の締結・譲受（譲渡）実行（契約フェーズ）

↓

(8) **ポストM&A（統合実務・PMI）**

※PMI : Post Merger Integratin

次のように、すべて詳しくは触れないが主要ポイントにつき説明するので、図表2のチャートを参照しつつ、理解されたい。

(1) プレM&A(戦略策定・目的の明確化)

［ポイント］

①M&A戦略・目的の企画立案

②綿密な情報交換にもとづく企業内容・事業特性やニーズの理解・分析

③M&A戦略活用可能性の検討

買収側

●M&A戦略の活用可能性の検討(目的、対象分野、想定されるターゲット)

●買収戦略活用可能な分野、企業の初期的絞込み(必要な場合には初期的なリスティングも踏まえて検討)

●ニーズに合致した初期的なスキームの想定

譲渡側

- 譲渡理由の明確化
- M&Aの実現可能性やM&Aを用いる際の問題点の初期的な想定
- M&A以外の選択枝との比較
- 初期的な企業評価（譲渡価格のイメージの想定）
- ニーズに合致した初期的なスキームの想定

まずは「そもそも何のためにM&Aを実行するのか」の戦略・目的を明確にしなければならない。例えば、事業継承問題を考えた場合、「事業の継続」や「従業員の雇用確保」が目的であれば、後継者候補の育成・採用も選択肢の一つで、必ずしもM&Aを選択する必要がない場合もありうる。この場合、より目的を鮮明にするために、信頼できるファイナンシャルアドバイザー（FA＝M&Aを含む広範囲な財務アドバイザーのこと。詳しくは第4章）に早い段階で相談するのもよい。

(2) 買収先（売却先）の選定（準備フェーズ）

［ポイント］

①M&A戦略の対象となる相手企業のリスティング
②リスティング企業に関する基本データの収集・分析
③目的にそった選定条件の検討
④対象企業へのアプローチ方法の検討
⑤対象企業へのアプローチ・初期的な関心の確認
⑥当事者間での秘密保持契約（巻末サンプル1）の締結

具体的な対象先の選定作業は次の通り。買収対象の選定には、対象業種、エリア、規模、買収予定額などから対象となる会社のリスト（ロングリスト）を作成し、その中から更に絞り込んだリスト（ショートリスト）を作成する方法や、自社の情報網で入手した売却候補先情報を利用する方法などがある。自社のネットワークで対象先が見当たらない場合は、M&A専門の業者、銀行、証券会社などに情報提供を依頼することとなる。

売却先（買い手）の選定については、情報漏えいリスクや信用不安リスク、また条件交渉が難しいなどの理由から、自ら同業他社にアプローチする方法よりも、M&A専門の業者や銀行、証券会社に候補先の選定を要請するのがいい。

(3)　対象先に関する情報収集・スキーム策定（準備フェーズ）

［ポイント］

①当事者間の情報交換のアレンジ（必要資料の収集、企業概要書の作成等）
②資料分析を踏まえた質疑応答のアレンジ、アドバイス（M&Aを進める際の想定される留意点等を指摘、その対応策等も含めて具体的にアドバイス）
③財務諸表に想定される瑕疵の取扱い（不良在庫、償却不足、引当未整備等）
④グループ会社（子会社、兄弟会社、資産管理会社等）の取扱い

⑤株主対応
⑥土壌汚染への対応　等
⑦事業上の相乗効果の検証や案件成立の可能性の事前評価
⑧M&Aスキームの検討、最適スキームの立案・アドバイス
⑨交渉・案件推進スケジュールの立案
⑩直接ミーティングや実地見学などの設定・実施、その際の留意事項等のアドバイス
⑪基本合意事項の提示とアドバイス
⑫クロージングに至るスケジュールの共通理解の醸成と管理
⑬企業価値評価における提案とアドバイス
⑭企業価値評価の諸方式（純資産方式、DCF方式、類似会社方式等）での試算
⑮収益計画、リストラ計画等、企業価値評価に影響の大きい将来収益についての数値シミュレーションの作成
⑯会社法・金商法・会計・税務その他、案件構築に当たっての諸問題の整理や対応策

の検討

　対象先の概要、財務状況、事業内容など検討に必要な情報を入手する。M&Aアドバイザーや金融機関などを利用する場合、そこから情報を入手することができる。また、上場会社であれば、有価証券報告書やホームページの情報、非公開会社であれば調査会社の報告書なども有効な情報となる。

　次に、収集した対象先の情報をもとに、M&Aを実行した場合のスキームを策定する。財務情報、税務、法務、そして事業内容などを考慮して最適な方法を検討するほか、買収（売却）金額の算定（企業価値算定）をして投資回収の検討も行う。

　情報の収集方法についてもう少し説明すると、M&A関連やM&Aアドバイザー等の専門家のインターネットサイト（書籍ベースでの情報は古い可能性）の活用などで行う。ポイントは自社目的に合致した情報の見つけ方だが、M&A関連のサイトで、売り買いの企業概要書（※「ノンネーム情報」）が開示されており、ここで当たりをつけることもある。また、M&Aアドバイザー以外でも例えば東京商工会議所や企業情報サービス会社、経営支援機関等でもM&A情報の提供を行っているのでそれらを利用してみるのもよい。

なお、買い手には、「仕掛け型」（このような会社のM&Aをしたいという積極型）と「譲渡企業紹介型」（多くの種類の売り案件情報の紹介を受ける受け身型）の2種類の買い方がある（第2章、第3章）。

※「ノンネーム情報」
企業概要書のこと。実名は伏せて、会社所在地域、業種、業績、特徴、売却理由条件など、あくまで案件として進行できるかの判断をするための必要最小限の情報である。企業が特定できる情報は載せない。

(4)　対象先とのコンタクト・条件交渉・詳細検討（交渉フェーズ）

直接対象先と面談を実施し、事前に入手した情報で不足している部分のヒアリングや現地の様子などを確認し、具体的な条件面のすり合わせを行う。

M&Aアドバイザーを利用すると、面談の設定など煩雑な作業や直接話しづらい条件面の事前打診など、具体的条件の摺り合わせを進めてくれるため、スムーズに条件交渉を行うために有効である。

(5)　基本合意書（巻末サンプル2）の締結（交渉フェーズ）

［ポイント］

①スキームや諸条件の調整（両社それぞれの要望、考え方、背景にある事情等をそれぞれ100%理解した上で、相手方と意見交換しながら諸条件を調整）

②大枠の合意をベースにした初期的な基本合意書文案の作成

③初期的な基本合意書文案をベースに詳細条件の調整

④基本合意書等の作成
⑤基本合意書の文案の詳細調整（法務部門、弁護士、その他各関連当事者からの要請等への対応）
⑥基本合意書調印準備でのアドバイス（取締役会承認等）
⑦公表・説明に対するアドバイス
⑧公表のタイミング
⑨基本合意書締結時点で公表しない場合の対応策　等
⑩公表準備支援（公表文書の草案作成や社員・取引先への説明方針・説明スケジュールの調整、説明文案の作成等）―基本合意書締結時点で対外公表する場合
⑪基本合意書の締結（調印のアレンジ、調印式の設定等）
⑫公取等届出が必要な諸手続についてのアドバイス

ここまでの交渉で概ね条件面での合意が得られた場合、基本的な合意事項を文書にま

とめて捺印をする。関係者にとって成約に向けた重要な入口だ。通常この文書は「基本合意書（LOI＝Letter of Intent、MOU＝Memorandum of Understanding）（※巻末サンプル2）と呼ばれている。注意点は、この時点では、まだ正式契約ではないため、法的拘束力を持たない旨を明記されるケースが多いということだ。

(6) デューデリジェンスの実施（契約フェーズ）

［ポイント］

①監査の対応準備に際してのアドバイス（監査日程の調整や監査受け入れ準備、監査人とのミーティングや対応する役職員への説明等）

※ 公表以前に監査を実施する場合、秘密保持が特に重要

②監査の実施・受け入れ

監査中も当事者間の信頼関係が損なわれることのないように十分に気を配る必要がある。

監査結果を受けた最終条件の確認（条件調整）

基本合意書を取り交わした後、買収対象に対してデューデリジェンス（＝詳細調査、以下ＤＤ）を実施して、それまで入手している情報と乖離していないか、隠れた買収リスクはないか、ディスカウント要因となる事実はないかなどの確認を行う。

ＤＤは、買収サイドが自社の買収リスクを回避するため実施するのが普通で、中小ベンチャー企業のＭ＆Ａにおいては、通常、法務ＤＤや会計ＤＤ、事業ＤＤなどを実施する。所要期間は企業規模によってまちまちだが、中小ベンチャー企業のＭ＆Ａの場合は2日から1週間程度とみてよいだろう。

(7) 最終契約書の締結・譲受（譲渡）の実行（契約フェーズ）

［ポイント］

①最終確定条件に基づく最終契約書の締結

株式譲渡契約書（※巻末サンプル3）、株式交換契約書、営業譲渡契約書（※巻末サンプル4）、合併契約書（※巻末サンプル5）等

②受渡し手続に際しての必要書類の作成や実行の管理
③受渡しの実行
④公表準備支援（このタイミングで公表を行う場合）
⑤登記等必要となる諸手続の支援

ＤＤの結果判明した事実を考慮して、基本合意書で合意した内容（特に価格）を再度検討し、最終的な条件確定を行って、ようやく譲渡契約書など正式契約書の締結、譲受（譲渡）の実行に至る。ご苦労さまでした！

(8)　ポストM&A（統合実務・PMI）の重要性

関係者の血のにじむような努力により、Ｍ＆Ａを上手に成功させた場合でも、買収後に実質的な買収・合併効果を得られず、結果的に買い手のＭ＆Ａ自体が失敗してしまうケースも実は多々ある。これはどうしてそうなるのだろうか？

中小ベンチャー企業の経営は、創業オーナーやその一族（または長年オーナーのもとで経営を支えてきた役員）が担っているケースが多く、社員数も数名から数百名程度で、オーナー色の強い「顔の見える経営」が特徴だ。このような会社をM&Aにより傘下に収め、オーナーが経営から離れるとなると、社員の間に少なからず動揺が生まれ、新しい親会社の経営方針にそれまでの方法がなじまない場合、徐々にモラールダウンにつながり、結果的に業績が悪化してしまう事態になってしまうのである。

このような事態を避けるためにも、買収が具体的交渉にまで進んだ段階（場合によっては買収検討の初期段階）で、**①買収後の経営・組織の設計**、**②人事体制**、**営業体制**、**③会計システムの状況**などについて、多面的に統合の具体的方法を検討し、対象会社の組織上のキーマンを押さえ、新たに経営陣として投入する自社の人材と融和できるように充分考慮する必要がある。

実は最初のM&Aの戦略・目的の検討時点で買収（合併）後の統合プロセス（Post

Merger Integration＝M＆A後の経営統合）を検討・準備しておくことが極めて重要なのである。この意味においては、M＆Aを成功させるためには、譲渡契約締結時点を完了とするのではなく、M＆A終了後の経営統合期間までをM＆Aのプロセスと認識することが欠かせないのだ。

［参考3］　合併までの流れ

合併を進めていくには、会社法で規定された手続きを実施する必要がある。基本的な合併のスケジュールは、合併の基本合意を経た後、

(1) 代表取締役（トップマネジメント）同士による合併契約書の締結（合併契約書などの備え置き）

(2) 株主総会を開き、特別決議による合併契約書の承認

(3) 反対株主の株式買い取り請求手続き（※合併に反対する株主の株式を公正な価格で会社が買い取る手続きのこと）

(4) 債権者保護手続き（債権者に対して異議があれば、1ヶ月を下らない期間内に申述すべき内容を官報に公告し、かつ知れたる債権者には個別に催告すること）

(5) 合併効力発生日（吸収合併の場合、合併契約で決められた効力発生日に合併の効力が生じること。新設合併の場合は、新設会社設立登記の日に合併の効力が生じること）。これらの手続きが実施され、合併が承認される

ただし、合併契約に不備があった場合などに、合併の効力が生じた日から6ヶ月以内なら、裁判所に合併無効の訴えを提起することができる。この無効の訴えを提起できるのは、当事会社の株主・取締役・監査役・執行役・清算人・破産管財人・合併を承認しなかった債権者になる。

旧商法では、手続きを順番に進める必要があったが、会社法では合併に必要な手続きを同時平行で進めることが可能になり、合併効力の発生日までに手続きを終了していれば構わないということになり、合併に要する最短期間が短縮された。

3 中小ベンチャー企業のM&Aの特徴

(1) 中小ベンチャー企業のM&Aの意義

中小ベンチャー企業にとって、M&Aが企業の成長・事業承継などのための有効な戦略である。世間では、大企業、外資系企業を中心としたM&Aに関するニュースが日々飛び交うようになっているが、今や中小ベンチャー企業にとっても、その成長戦略の中で、M&Aは有効な戦略の1つとなっている。特に、ベンチャー企業は、新たな成長分野の取り込みや成長のための財務力の確保（資金繰り）を意識しつつ、適切なタイミングで、成長事業の買収、外部資金を注入するために有力企業との資本業務提携・事業の売却などのM&Aを実行するのが効果的だ（攻め＝成長のためのM&A）。

また昨今では、中小企業の後継者難を背景として、このM&Aを成長戦略の実現方法としてだけではなく、事業承継の方法として使われることも多くなった（守り＝事業承継のためのM&A）。しかし、その一方でM&Aに関する情報不足、知識不足などで活用しきれず、失敗に終わるケースも少なくない。中小ベンチャー企業経営者には是非M&Aに関する正確な知識を「武器」として身に着け、厳しい難局に打ち勝ってほしい。

さて、中小ベンチャー企業のM&A活用項目として、次の点が挙げられる（具体的には第2章、第3章）。

①優秀な技術者や営業員を囲い込むための同業他社の買収（市場浸透戦略）
②自社の顧客に補完性のある商品を提供するための自社と関連性のある異業種の買収（製品開発戦略）
③新規分野進出のために時間を買うための異業種の買収（新規事業開発）
④互いにシナジーがある会社が一緒になり上場を目指すための合併
⑤コアビジネスへの集中のためのノンコア事業の売却（集中化戦略）
⑥親会社の業績悪化に伴う子会社経営陣の独立（MBO）

⑦オーナー創業者リタイヤのための売却（事業承継）
⑧創業者利潤を得るためのIPO以外のM&Aイグジット（創業者利潤戦略）

このようにM&Aは、中小ベンチャー企業にとって、企業の成長・事業承継などを実現するための有効な手法であり、企業の活性化の一翼を担う戦略になるものだ。つまり、M&Aは中小ベンチャー企業こそ使うべき経営戦略であって、大企業に独占されたものではないことを強調しておきたい。

とりわけ中小企業の経営者にとって、後継者問題の解決は大きな経営課題のひとつとなっている。これは、現在70才を越えてなお経営の第一線にとどまらなければならない創業オーナー兼経営者にとっては深刻な経営課題だ。

しかしながら、人材確保が難しい中小企業にとって適切な後継者候補を確保するのは容易ではない。一般求人誌への掲載や人材紹介会社の利用は人材採用コスト負担が大きいほか、自社で収集できる人材情報の不足もあって、親族など身近な人材が確保できる場合を除き、いざ後継者の育成を考え始めても会社の経営を任せられる人材がいないという悩みがある。

一方、若いベンチャー企業経営者にも後継者の問題に直面する場合がある。若くして事業が軌道に乗り会社が成功し、会社（事業）を売却したい場合や、別の事業への転換を図りたい場合、いわゆる「アーリーリタイアメント」のケースなどだ。この場合、多くの会社では社内に「ナンバー2社員」が育っていればいいが、オーナーとして会社を引き継ぐ、すなわち「会社の株式を買い取る」となると、経営者としての資質が備わっていない場合が多いことに加えて、その買い取り資金の負担が大きく、容易に解決できない。

また、これらのケースに共通の問題として「借入金の個人保証」の問題がある。多くの中小ベンチャー企業は出資・増資による「直接金融」ではなく、金融機関からの融資による「間接金融」に頼った経営をしている。この場合、会社の経営者＝代表者が個人保証をしていることが多く、後継者が巨額の債務を肩代わりすることが事業承継をより困難なものにしている（米国ではみられないこの制度が、我が国の起業文化発展を阻害している）。

このような様々な経営課題を抱えている中小ベンチャー企業のオーナー経営者にとって、M&Aは極めて大きな武器となり、威力を発揮するのである。

さらに、M&Aの新たな視点として、新しいスタートアップが続々と生まれる環境を作るためにも、起業に挑戦する者たちには、創業者利潤戦略がしっかり有ってしかるべきである。役員報酬が低額となりがちなスタートアップ・ベンチャー企業では、こういったイグジットの機会こそが、優秀なチャレンジャーを事業推進に駆り立てる重要な要素だといえる。

創業者利潤を得るためのイグジットの種類とは「M&A」と「※IPO」の2つがある。

※「IPO」

「Initial（最初の）Public（公開の）Offering（売り物）」の略で、未上場企業が、新規に株式を証券取引所に上場し、投資家に株式を取得させること。株式上場に際し、通常は新たに株式が公募されたり、上場前に株主が保有している株式が売り出され、証券会社を通じて投資家へ配分される。創業者株主は会社を成長させ、上場の時点で会社の価値・株価が大きく上昇すると、少ない資本から多額の創業者利潤を得ることができる。

創業者利潤というと、「ＩＰＯ」を連想するケースが多いが、それだけが イグジットの方法ではない。今後はＭ＆Ａによるイグジットも確実に増えてくることと断言してよい。

事実、アメリカではベンチャー市場において、圧倒的にＭ＆Ａによるイグジットの件数が多く、その割合は90％以上であり、近年で特に急増している。つまり、アメリカではほとんどのイグジットはＭ＆Ａによるといってよいのだ。日本のベンチャー市場においても、今後はＭ＆Ａイグジットがオーナー経営者にとって、もっと身近なものになってくるだろう。

因みにシリコンバレーでは、Ｍ＆Ａで成功することを**「マリッジ（成婚）」**と呼んでいる。

次にイグジットのパターンと売却タイミングを上げておいた。次のポイントを参考にしてほしい。

［ポイント1］「Ｍ＆Ａイグジット実現の3つのパターン」

①買収先へ自社を売り込むパターン。

②買収先からアプローチをもらうパターン。
③当初から買収先企業をターゲットとし、それに合わせたプロダクトを開発し売り込むパターン。

［ポイント2］「M&Aイグジットにおける売却タイミング3つの鉄則」
①会社の事業にとって外部環境が良い時期に交渉を始めること（企業価値が高い＝売り手有利で高い株価で売却できる可能性）
②会社業績の成長基調が継続している時期に交渉を始めること（企業価値が高い＝売り手有利で高い株価で売却できる可能性）
③上記①、②以外なら資金繰り等の経営が不安定になる前に交渉を始めること（手遅れでは企業価値が低い〜ゼロ＝完全買い手有利になる前に欲を張らず売却）

(2)　中小ベンチャー企業のM&A有効戦略①〜「攻め（成長）」

Ｍ＆Ａを「攻め」として利用する場合、前述したように、同業他社の取り込み、人材確保、自社にない顧客網の取り込みなど、様々な目的がある。特に「新しい事業分野進出」や「海外進出による市場開拓」などは、中小ベンチャー企業でも急速にそのニーズは増加している。しかし、中小ベンチャー企業の場合、人手の問題でそれらを実行するにも、実際は困難なことが多い。そして一方で規模が小さい分、市場の縮小などで既存事業が厳しい状況に置かれやすいことを踏まえると、新規事業や海外展開などは実は中小ベンチャー企業こそ取り組みたい課題といえる。

そこで武器として登場するのが、「進出したい事業の会社・事業をＭ＆Ａする」という方法である。当該事業分野で会社や事業ごと取り込んでしまえば、**①実績②顧客③取引先④必要な設備・資産⑤事業に精通した社員**を一気に確保できることになる。これを一から始めた場合を想像してみよう。時間・手間が膨大にかかるうえ、うまくいくかどうかははっきりいって未知数だ。それを考えれば、Ｍ＆Ａを利用する方がこれらのリスクをコントロールしやすいことがお分かりだろう。

しかし、気をつけなければならないのは、M&A後の特に「事業に精通した役員や社員」への対応である。M&A後は買収された側の人間がどんな気持ちでいるのか、は十分な配慮が必要だ。やり方によっては、一気に退職されてしまい、事業遂行に支障を来す事態の可能性があるからだ。「武器」の仕様について、その功罪をよく理解して使用せねば、自爆する危険さえある留意点であるといえよう。

(3) 中小ベンチャー企業のM&A有効戦略②～「守り（生存）」

2の「攻め」の戦略は、買収サイドからの話であるが、これを反対すなわち譲渡サイドからみると、「守り」の戦略としてみることもできる。すなわち、経営が悪化して自社単独で立ちいかないという状態に追い込まれた場合、倒産を回避し、生存を図るために救済のM&Aを行い、社員や取引先、事業を守るという戦略がある。広義のM&Aでの「資本提携」や「第三社割当増資」は「救済型M&A」として活用される。また倒産してしまった会社を一定額で買い取る「スポンサー再建型M&A」としての活用は、債権者には泣いてもらうという犠牲のもと、同じく社員、取引先、そして事業を守るM&Aとして社会的には意義のある役割を果たしている（詳しくは他のM&A専門書で参照されたい）。

なお、事業承継に関しては、第3章で解説する。

(4) 中小ベンチャー企業のM&A有効戦略③～「ニッチ集中化」「差別化」

資金力や人員力など経営資源が限られている中小ベンチャー企業の場合、広すぎる市場を相手に事業を展開するには効率が悪いといえる。例えば、ネット通販事業で、アマゾンや楽天と同じ内容で勝負しても勝ち目はない。それよりも「あったらいいのにないモノ」や「役に立つのにないモノ」などの「ニッチ」（生物学で「ある生物が特有条件下で生き抜ける生息場所」を指す）市場向けに集中的に経営資源を投入すれば、効率的に勝機が生まれる率が高くなる。それを自社の特徴・強みとして「その分野で日本一、世界一」を目指すことで他社に追随を許さない独自の商品・サービスを展開することができれば、それは有効な「差別化」戦略となるわけである。
①M&Aでニッチ市場集中化に向けて自社を強化する、②M&Aですでに個客より支持を受けている会社・事業でブランド・ノウハウを手にする、③業歴が長く経験豊富な会社・事業を手に入れ社会信用力・ノウハウを得る、などニッチ・差別化への取り組みが一層強化される戦略が可能なのだ。

(5) 中小ベンチャー企業のM&A有効戦略④～「ネットワーク化」

M&Aは、以上述べたように有効戦略がいくつもあるが、残念なことにどんなに関係者が努力したとしても成約にいたらないことも多い。しかし重要なのは、成約という結果だけでなく、M&A戦略を実施する過程において得られる「会社（事業）と会社（事業）を組み合わせて新しい価値を生み出す」という思考方法である。

たとえM&Aの結果がでなくても、その情報収集や交渉過程では、様々な事業や業界の特徴、有力企業、競合環境、業界特有の稼ぎ方や強み弱みを知ることが出来、自社での事業展開において「M&A的発想」でもって行おうとするノウハウが身に付くのだ。これがM&Aという形はとらない企業同士の「ネットワーク化」に結びつくことになる。そして企業間連携という形で「事業拡大・顧客創造」という成果につながる可能性が高まるのだ。

M&Aの目的は、M&Aが成約にいたらなくても達成できることもあるということ。M&Aの発想法で、様々なネットワークを持ち、経営課題を解決していくというスタンスも経営者は是非肝に銘じておきたい。

4 M&Aスキーム（手法）

M&Aスキーム（手法）は、大まかに次のとおり分類される（図表3）。この中で中小ベンチャー企業がまず押さえておくべきスキームは、**①株式譲渡と④事業譲渡**の2つである。

［図表3］ M&Aスキームの類型

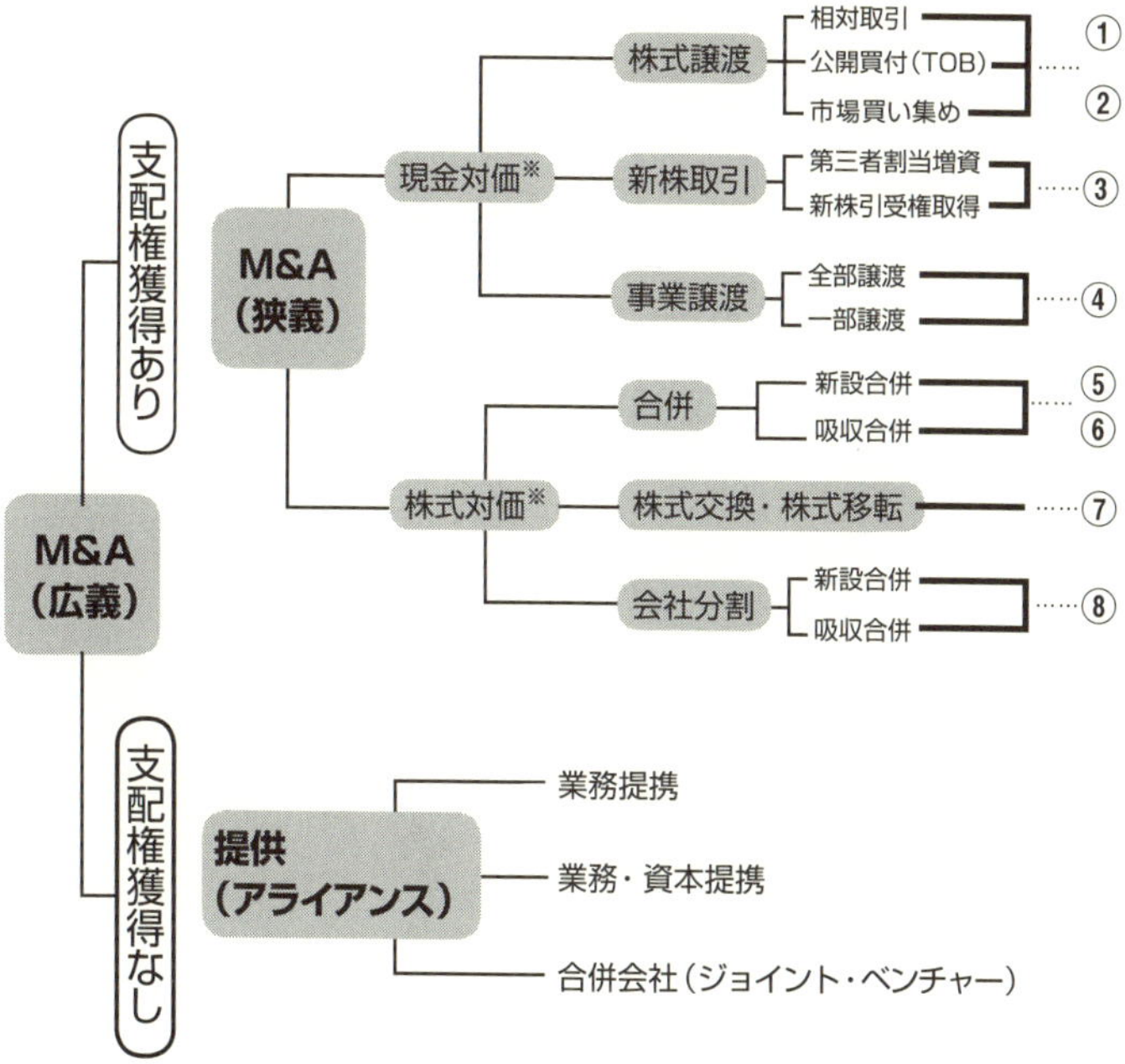

※対価の柔軟化により、株式以外を対価とすることも可能　参考1参照

主なスキームポイント

① **株式譲渡** 売り手企業の既存株主がその保有株式を買い手企業に譲渡し、買い手企業はその対価として現金を支払う手法。会社を譲渡したオーナー株主がM&Aの対価をキャッシュで受け取ることができ（買い手側はキャッシュが必要）、買い手側の株主構成には影響を与えず、対象会社を別法人として運営していくことが可能（M&A時に法人の組織等に大きな変更を必要としない）等の特徴がある。なお、売り手企業の支配権取得（子会社化）を目的とする場合は、「議決権の過半数以上」つまり51％以上の発行済株式を取得する必要がある。

② **株式取得** 規模の拡大を目指す企業が、子会社（または関連会社）化する手法。公開会社については、（参考5）TOB（株式公開買い付け）などの方法が用いられる。

③ **新株引受** 新株引受とは、新規に発行される株式を引き受けること。新株引受のうち

M&Aの手法となるのは、第三者割当増資である。第三者割当増資とは、発行企業（売り手）が既存株主以外に新株発行を行い、引受企業（買い手）がその払込をキャッシュで行う手法。これにより、譲受側が対象会社の一定比率の株式を取得し、比率によっては経営権を取得する。資金が対象会社のオーナー等の株主にわたるのではなく、対象会社に入り、対象会社の経営に有効活用することが可能。旧オーナー株主等は、比率は薄まるものの継続して保有していくことも可能だが、前述のような特徴から、比較的財務状況が窮している会社等の再建を必要とする案件で、旧オーナー株主所有分の自己株式買取り・減資等と組み合わせて用いられることも多い。

④ **事業譲渡**　会社の事業部門や会社資産の一部又は全部を譲渡する手法。①株式譲渡と並んでよく使われる。会社そのものを株主から買い取る株式譲渡と違い、その会社の特定事業のみ（対象事業社員、関連資産、関連取引先等）を一体として売却する。買い手側にとって、会社の負債や不要な事業を引き継ぎたくない場合に適している。この

場合、株式譲渡と違い、M&Aの対価は売り手会社がキャッシュで受け取ることができる。

⑤合併 2つ以上の会社を1つの法人格に経営統合する手法。1つの会社が他の会社を吸収し合併後も存続する〝吸収合併〟と、新たに設立した会社にすべてを統合し他の会社は消滅する〝新設合併〟がある。日本では事務手続きや企業イメージやブランド維持のため「吸収合併」による合併が多い。中小ベンチャー企業のM&Aでは、手続きが煩雑かつ時間がかかるため、利用度は低い。

⑥経営統合 共同で持株会社を作り、その下に各企業が子会社として活動していく手法。「経営統合」のメリットは、今までの経営形態やブランドが維持される点にある。⑤合併他共同株式移転（新設の株式会社を設立し、既存の会社をその100％子会社にする取引）の方法がある。

⑦株式交換・株式移転　売り手企業の既存株主がその保有株式を買い手企業に譲渡し、買い手企業はその対価として自社株式を割り当てる手法。譲受側はキャッシュを必要とせず、対象会社を確実に100％子会社化でき、対象会社の旧オーナー株主は譲受側の株主としてグループ全体に関わっていくことが可能といった点に特徴があり、企業再編の有効な手法である。既に存在している会社を完全親会社とするのが株式交換で、新たに完全親会社を設立するのが株式移転。

⑧会社分割　会社を複数の法人格に分割し、それぞれの法人格に組織・事業・資産を移転する手法。分割した事業を新たに設立した会社が引き継ぐ〝新設分割〟と、既存会社が引き継ぐ〝吸収分割〟がある。手続き、税務面での確認等、複雑な面も多く、中小ベンチャー企業案件では**④事業譲渡**で賄われてしまうことが多い。

その他　企業は、事業を拡大していく場合だけではなく、リストラをする場合にも

M&Aの手法を用いる。不採算事業から撤退をする場合に、子会社の売却や事業譲渡、会社分割、株式売却などの手法がある。また、リストラの一貫として、近年、有効な手段として増えているのが「MBO（マネジメント・バイアウト）」の手法（参考6）。

MBOとは、経営陣が株主から株式を買い取り、経営権を取得する方法を意味する。

［参考4］ M&Aの種類

M&Aには、企業の買収分野を基準とした形態別M&Aと、買収相手の合意有無（友好的M&Aと敵対的M&A）によって種類が分けられる。

形態別M&Aを見ていくと、

①「水平型M&A」 同業種の他企業（競争相手企業）買収し〝市場占有率〟や〝規模の経済〟を目的とする。

②「垂直型M&A」 同業種の川上あるいは川下にある会社をターゲットに企業買収を行い、原材料の購入や生産・販売まで一貫体制の確立を目的とし、コスト削減をはかる。

因みに景気が良いときは、仕入れの川上Ｍ＆Ａが活発となり、景気が悪いときは営業の川下Ｍ＆Ａが活発になる傾向がある。

③「多角化型Ｍ＆Ａ」 異業種でありながら新たな高収益事業獲得やビジネスリスク分散の為に企業買収を行う。

の３種類がある。

次に買収（非）合意によって分けられる「友好的Ｍ＆Ａ」と「敵対的Ｍ＆Ａ」の違いについて説明しておこう。友好的か敵対的かの線引きは、仕掛けられた側の企業が賛成（友好的）か反対（敵対的）によるものだ。日本では、友好的Ｍ＆Ａが多くを占めるが、「ライブドア＝ニッポン放送」「楽天＝ＴＢＳ」に代表されるような敵対的Ｍ＆Ａも２０００年以降多く見られるようになった。

敵対的Ｍ＆Ａも細かく見ていくと三つに区分される。

①本格的な経営権の取得を目指すM&A、これは、2006年に王子製紙が北越製紙に対しTOB（参考5）を仕掛けたケース（結果的に失敗）が挙げられる。

②株の時価総額が企業の実質的時価総額を下回る会社に高額配当を求めるケース。

③株の買い占めに伴い株価上昇を利用し売却益を獲得したり、対象になる企業に高額な買い取りを求める※**グリーンメール**などがある。

［参考5］ TOB（株式公開買付）とは？

TOB（株式公開買付）とは、会社の支配権取得または強化を目的とし、株式市場の外でターゲット企業の不特定多数の株主に対し、一定期間内に一定数量の株式を一定価格（一般的には、時価を超える価格）で取得する内容を公告し、買い付けを行うことを意味する。

株式市場の外で、買い付けを行うメリットとして挙げられるのが、**(1)**取得株数と価格が決められているので買収に必要な資金を事前に把握できること、**(2)**買い付け予定株数に申込みが達しなかった場合は、買い付けを実行しなくても構わないこと、(3)現金だけはなく、自社株式などで買い付けを行うことも可能であること等がある。

次に、デメリットについては、(1)金融商品取引法にもとづき、いくつもの煩雑な手続きが必要になり事務手続きが多くなること、(2)公開買い付けを実務的に行う公開買い付け代理人に払う手数料が発生したり、新聞などに公告する費用が発生するなど、株を取得する以外に資金が多くかかることである。

TOBを行うにあたり、必要な資金が手元にない場合、買収予定企業の資産や将来のキャッシュフローを担保に銀行から借り入れを行ったり、社債を発行し必要な資金を調

※グリーンメール

当初から経営支配を目的とせず投資利益獲得目的で、市場で特定企業の株式を敵対的に買い集め、プレミアムを乗せて、もしくは、株価を吊り上げておいて当該会社に買取りを求めるという投資手法のこと。買取りを拒否する場合には、他の投機筋に売却するなどと脅しをかける。ドル紙幣を意味する「グリーンバック」と恐喝を意味する「ブラックメール」を掛け合わせた造語。

達するＬＢＯ（レバレッジド・バイアウト）という方法があり、資金を調達する手法として一般的になっている。

【参考６】ＭＢＯ（マネジメント・バイアウト）とは？

ＭＢＯ（マネジメント・バイアウト）とは、企業の経営に携わっている経営陣（マネジメント）が、自社株式を企業の所有者である株主から買い取り、経営権を取得することを指す。

ＭＢＯが実施されるケースは、大きく分けて二つ。一つ目は、他社からＭ＆Ａの対象にされ、合併や買収されそうになり自らの企業を防衛するために行われるケース、もう一つは、企業再編の手段として不採算部門や不採算企業を整理する場合に事業内容に詳しい経営陣に売り渡すケース。

ＭＢＯを実施するにあたっては、多額の資金調達が必要になる。どのように資金を調達するかを見ると、一般的には、経営者とベンチャーキャピタル等が出資し受け皿会社を設立し、金融機関が受け皿会社に融資を行い買収するケースがほとんどである。経営陣が自己資金や自社の資産を担保に借り入れを行い実施する場合もあるが、一般的でない。

経営陣にとってのメリットは、経営権の取得や裁量権の拡大など様々挙げられるが、売り手（株主）にとってもいくつかのメリットがある。例えば、通常のM&Aで第三者や競争相手に売却してしまうと株を保有している企業との友好関係が崩れたりするが、MBOの場合では、M&Aに応じた場合と同様の経済効果を得られる上に、友好関係を崩すことなく取引を継続できること等が挙げられる。

因みに2007年NHKで放映されたTVドラマ『ハゲタカ』で一躍脚光を浴びたのを覚えている方もいるだろう。主人公の鷲津が「MBOファンド」代表として活躍する様子がよく描かれており、スリリングな交渉展開が見ものであった。

5 企業（株価）価値評価法

1 企業価値評価法の種類

Ｍ＆Ａの際の企業価値評価の方法に、「この方法で、この数値を用いて行わなければならない」という絶対的な基準はないものの、大きく分けると一般的には次の３つの方法が用いられている。

また３つの方法の中にも、ここでは詳説はしないが、それぞれ様々な手法がある。

(1) コストアプローチ ①簿価純資産額法②時価純資産額法③時価純資産額＋営業権

対象会社の貸借対照表の純資産に注目して、会社の所有する資産の価値から企業価値を算定する方法。

(2) インカムアプローチ　①※ＤＣＦ法②配当還元法③リアル・オプション法

会社の将来もしくは現在（理論的には将来の予測収益だが、予測には困難が伴うため簡便的に現在を用いることもある）の収益やキャッシュフローに着目し、一定の還元率で割り戻して企業価値を算定する方法。この中でＤＣＦ法はファイナンス理論での重要な考え方。理論的に精緻に出来ているが、事業計画数値によるブレの影響が大きいため、中小ベンチャー企業のＭ＆Ａの実務では使いにくく、大きな支持は得ていない。

(3) マーケットアプローチ　①類似取引事例比較法②類似上場会社比較法

対象会社と事業や規模が類似している上場企業等、類似取引の価格（市場価格等）

※ＤＣＦ法

discounted cash flow method の略語。

ある企業・事業や資産・プロジェクトなどの金銭的価値を、それらが将来生み出すキャッシュ・フローの現在価値として求める方法。収益還元法とも訳される。「今日の１００円は明日の１００円よりも価値がある」という言葉で表現されるように、貨幣の価値は時間の経過とともに変化する。その理由は、インフレーション、時間、リスク（明日の１００円が本当に手に入るか不確実）などである。企業買収や合併（Ｍ＆Ａ）といった局面のみならず、様々な資産（不動産等）・プロジェクトの定量化（投資評価）手法として活用される。

と収益や資産の指標を比較することによって企業価値を算定する方法。

そして、**中小ベンチャー企業のM&Aで、実務上よく使われている企業価値評価法は、時価純資産額＋営業権**（コストアプローチ＋インカムアプローチ＋マーケットアプローチ）である（図表4）。これについては大事なので少し説明しよう。

会社は「事業を行う箱」であり、元手資金で商売をし、最初のお金を増やす（減らす）という機能を持つ。決算ごとに商売のけじめを行い、その期間で儲けた（黒字）損した（赤字）という成績が出る。そしてこの場合の企業価値はどうみるのか。「元手資金＋儲け」というところからすれば、この調子で儲け（フリーキャシュフロー）があと3年は続くとみれば、3年分の利益を乗せた分を「**営業権**（のれん）」といい、将来収益を年数で乗じた営業権の算定方法を「**年買法**」と呼ぶ。会社設立してから儲け分は預金・商品・不動産など複数の資産として積み上がり、**現在までの価値が「純資産」で、未来の価値**

［図表4］企業（株式）評価法（年買法）

株式の評価額

時価純資産額＋営業権

貸借対照表

①資産を時価で評価する

③負債を時価で評価する

②営業権の評価額
（下記参照）

①＋②－③
時価純資産額＋営業権

営業権の評価額

フリーキャッシュフロー(FCF)×2～5年(※)

FCF＝経常利益＋役員報酬＋減価償却等の非現金支出－税金（－設備投資額－運転資金額）

※収益獲得の安定性が高い業種は4～5年分、収益が流行や時代の波に左右されやすく、不安定な業種は2～3年ぶんで評価する。

は**「営業権」**ということになる。

そこで、企業価値＝純資産額＋営業権という考え方が導かれる。ただし、純資産額については、個々の資産の価値に変動があるため、ある時点で修正した「時価」という概念を用いる。この手法は、B／Sの「純資産部分」（コストアプローチ）とP／Lの「損益部分」（インカムアプローチ）及び業種等の特性を考慮した「儲けの数年部分」（マーケットアプローチ）を併用しており、〝売り手買い手にとってわかりやすい〟という理由で、中小ベンチャー企業のM&Aにおいて広く支持を得ている。

以上の企業価値評価法はそれぞれ特徴があると同時に欠点もある。M&Aでの企業価値評価に際しては、対象となる会社の状態、成長ステージ、そのM&Aの目的、取引形態等を考慮して相応しい方式を選択することとなるが、一般的なM&Aの場合は、いくつかの方式で計算したものから総合的に判断して企業評価を行うこととなる。

さらに注意点として指摘したいのは、実際のM&A交渉における企業価値の合意価格・合意条件は当事会社間の相対の話し合いによって決まるという点だ。そのため、

①M&Aの具体的な目的・必要性（譲渡・譲受に対する思いの強さ）
②当事会社間のシナジー効果（当該M&Aによって新たに創出される価値の大きさ）
③他の選択肢との比較
④会計上の制約
⑤資金調達やスキームによる株主構成に与える影響
⑥案件成立のタイミング（緊急度）

など当事会社それぞれのさまざまな事情、要因によってその評価額は大きな影響を受けることは頭に入れておきたい。

したがって、どのような前提に立ち、どの方式で算定し、算定に際してどのような係数を用いるか、類似会社としてどの会社を選択するか、といったことは、機械的に行えるものではなく、**算定者なりの価値基準**が求められる。そこに、M&Aアドバイザーの専門家として経験・ノウハウが活躍する余地があるのだ。

2　現実の企業評価に影響する事項

どのような前提を設けた場合に、実際に算定する際の係数の取り方にどのような工夫をし、評価結果にどのように反映させていくかは、算定を行う専門家の領域である。どのような事項が実際の合意形成、合意価格形成に影響を及ぼす事項であるかは、M&Aにとって重大であり、その主なものをみておこう。

(1) 当該M&Aによって新たに生み出される価値

M&A取引においては、より大きなシナジー効果を創造できる主体の方がM&A取引を成立させる可能性が高く、また、シナジー効果による価値創造によって、ステークホルダーをより満足させることが可能だ。つまり、例えばA社が対象会社をM&Aすることにより、新たに5億円の価値を創造することを見込んでいるB社より、50億円の価値創造を見込んでいるC社と交渉する方が、対象会社の株主にとってもその他のステークホルダーにとっても望ましく、この差を企業評価の算定にいかに折り込んでいくかは重要な要素である。

ただし、M&A交渉においてはその定量的な条件のみを重視するのではなく、その背景となる定性的な条件（社員の処遇や取引先への対応、売り手（譲渡）側・買い手（譲受）側の今後の企業運営上のリスクへの責任負担）へも十分に留意し、それらのことも合意形成のための評価の中には合意条件と併せて折り込んでいかなければならない。

(2) そのM&Aのもつ意義

新たに創造される価値だけでなく、「そのM&Aが当事会社の経営ステージを劇的に変えることになるような場合」というように、その案件の当事会社の経営に与える意義やインパクトについても企業価値の評価に折り込んでいくことも重要である。

例えば、C社がA社と経営統合することによって、数十社もいる業界中小のポジションからごく数社しかいない業界大手グループの一角に入るような場合、と規模の小さいB社と経営統合して中小のままである場合、とはそれぞれのM&Aのもつ意義は大きく異なる。このような定性的な事項についても、例えば、類似会社の対象を変化させるというような手法で企業評価に反映させていくことが考えられる。

(3) どれだけ意欲があるか（そのM&Aを実施しなければならないか）

対象会社が自社の重要な一部を担っているような場合、自社の競争戦略上きわめて重要なポジションにある会社のM&Aを検討しているような場合等、対象会社とのM&A

が実現しない場合の損失の大きさを考えた場合、通常の対象会社の資産規模、収益性からは算定しにくい水準の企業価値が合意価格となる可能性もありえる。

また逆のケースもあり、売り手側の企業がどうしてもある時期までに実行しなければならないといった事情を抱えている場合に同様のことが言える。

このような、M&A当事者の抱えている事情についても合意価格を形成していく上では非常に重要な要素であり、可能な限り企業価値算定に反映させていくことが必要である。

(4) 再調達価格

もし当該事業や対象会社をM&Aすることによってではなく、一から自社で作り上げていった場合、資金と時間の両面からどれだけのコストが必要となるか、という考え方がある。具体的には、流通業等で100店舗を保有する対象会社を譲り受けようという際は、もし1店舗1店舗これから出店していったらどれだけの時間とコストがかかるだろうかという比較検討は必ず出てくるのだ。

しかし、こうして計算された企業価値（再調達価格としての企業価値）が対象企業の資産・収益から算定される妥当な企業価値のレンジを大幅に上回っているような場合には、それだけコストをかけるという計画自体の妥当性も慎重に検討して、合意価格反映にする必要がある。

(5) 会計上の「のれん」の償却

買い手企業が上場企業である場合、シナジー効果等も見込み、売り手側にとっても満足しうる十分な企業価値を見込んだとしても、連結財務諸表のルール上、対象会社の純資産と評価額の差額は「のれん」と認識され、一定期間で償却を行わなければならず、その償却金額が連結利益にマイナスの影響を与える（ただし、のれんに関する会計処理の方法は今後、変更される（なくなる）可能性がある）。

買い手会社として許容できるのれんの償却額について、合意価格の形成過程においては、配慮しなければならない。

第1章
第2章
第3章
第4章
第5章

(6) 株主構成への影響

合併、株式移転、株式交換といった企業再編型の統合案件の場合、対象会社の株主への対価は買い手会社の株式により給付されるので、対象会社の企業価値は買い手会社の株主構成に影響を与える。買い手会社の株主構成という極めて高度な経営判断を要する事項への影響なので、合意価格の形成過程においては、その影響を慎重に分析しておくだけでなく、企業評価やスキームに工夫を加える必要もある。

PART 2

会社（事業）を買いたい！

本章で伝えたいこと

我が国のM＆A市場は、今後はもっと中小ベンチャー企業が大いなる買い手となって、守り（生存）も攻め（成長）もM＆Aを利用し市場に参入していくべきだ。そして生き残りだけでなく、国内は元より、世界に向かって羽ばたくぐらいの気概を持ちたい。

本章では、そのための買い手の基本的な心構えや戦略を是非会得してほしい。

1 会社（事業）を買う必要性とその理由

1 会社（事業）を買う必要性とその理由

あらためて、そもそも中小ベンチャー企業において、M&Aで他の会社（事業）を買うのは何故なのだろうか？

それは、経営資源に限りがある中で、単独で飛躍的に成長を遂げることや、生存し続けることが困難に陥った時の強力な武器（手段）となるからである。企業を存続・発展させるため、企業を活性化し、業績を上げて成長させることは経営者の使命である。しかし、企業の取り扱う事業や商品・サービスそのものにはライフサイクルがあり、これらが永遠に成長し生き残るということはない。経営者は限界を感じた時点で、事業や商品・サービスの拡大を図ったり、転換する必要があり、そのためにM&Aを活用するのだ。

そして、このように事業構造の質的量的転換が求められた時、経営者の視点は短期的な利益アップの追求ではなく、少なくとも3～5年先を見据えた中長期的な戦略投資としてM&Aを捉えるべきである。そのために、まずは自社の足元の事業ポジションを把握し、その特性に沿った買収戦略を立てる必要がある。

また、その中で重要なことはステークホルダー（利害関係者）にいかに貢献するかということである。会社が誰のものであるかという議論はひとまず脇に置いておいて、株主（企業価値）、社員（給与等待遇）、取引先・顧客（良質な商品・サービス提供）、社会（雇用創出・税金負担）などの各ステークホルダーには、会社の存続・成長が達成できてこそ、その立場の向上という貢献が出来るのだ。

さて、現状既存本事業で限界がみえたとき、業績への打開策は主に以下の5点（**2**

(2) アンゾフの経営戦略参照）がある。

(1) 既存事業で規模拡大（量的拡大）

(2) 既存事業で商品・サービス拡大（質的拡大）

(3) 既存事業に周辺事業追加（質的量的拡大）
(4) 既存事業に新規事業追加（質的量的拡大）
(5) 既存事業から新規事業転換

いずれにしても**(1)**〜**(5)**を成し遂げようとすれば、人材、商品・サービス開発、顧客開拓、技術開発、ブランド等の経営資源が求められることになる。そしてこれらをすべて自前でやるとなると、とにかく時間がかかることになる。「少子高齢化」「人口減少」など大きなパラダイムシフトや変化の激しいビジネス業界において、M＆Aでの買収により、出来上がっている会社（事業）を手に入れ、すぐにこれら経営資源の獲得が出来るというメリットはかなり大きい。

そして冒頭の答えはそう、つまりM＆Aの買収とは、事業・経営資源などの獲得を、お金で時間を節約し、リスクコントロールをしつつ行うため、といってよい。M＆Aが、ステークホルダーへの貢献という事業目的に適う強力な武器と呼ぶ所以である。

2 買収戦略の立案・種類

(1) 自社の事業ポジション特性に則った買収戦略

まず買収戦略を考えるにあたっては、自社事業の業界特性を考え、それに対して基本的なM&A戦略を考えることが定石である。事業特性としては一般的に以下の四つがあり、自社事業がどこに属するのか（もちろん複合的な場合もある）、そしてM&A戦略の定石や方向性を確認しておこう（図表5）。

A 成熟型事業

市場が成熟期から衰退期に向かう業界で差別度も小さく、規模の大小にかかわらず、収益性が低い事業である。かつての鉄鋼などの素材産業に多くみられる。選択と集中により、生産性を高めてBの規模型や、差別化を図ってDの特化型への事業転換に向けた

［図表5］
自社の事業ポジション特性に則った買収戦略

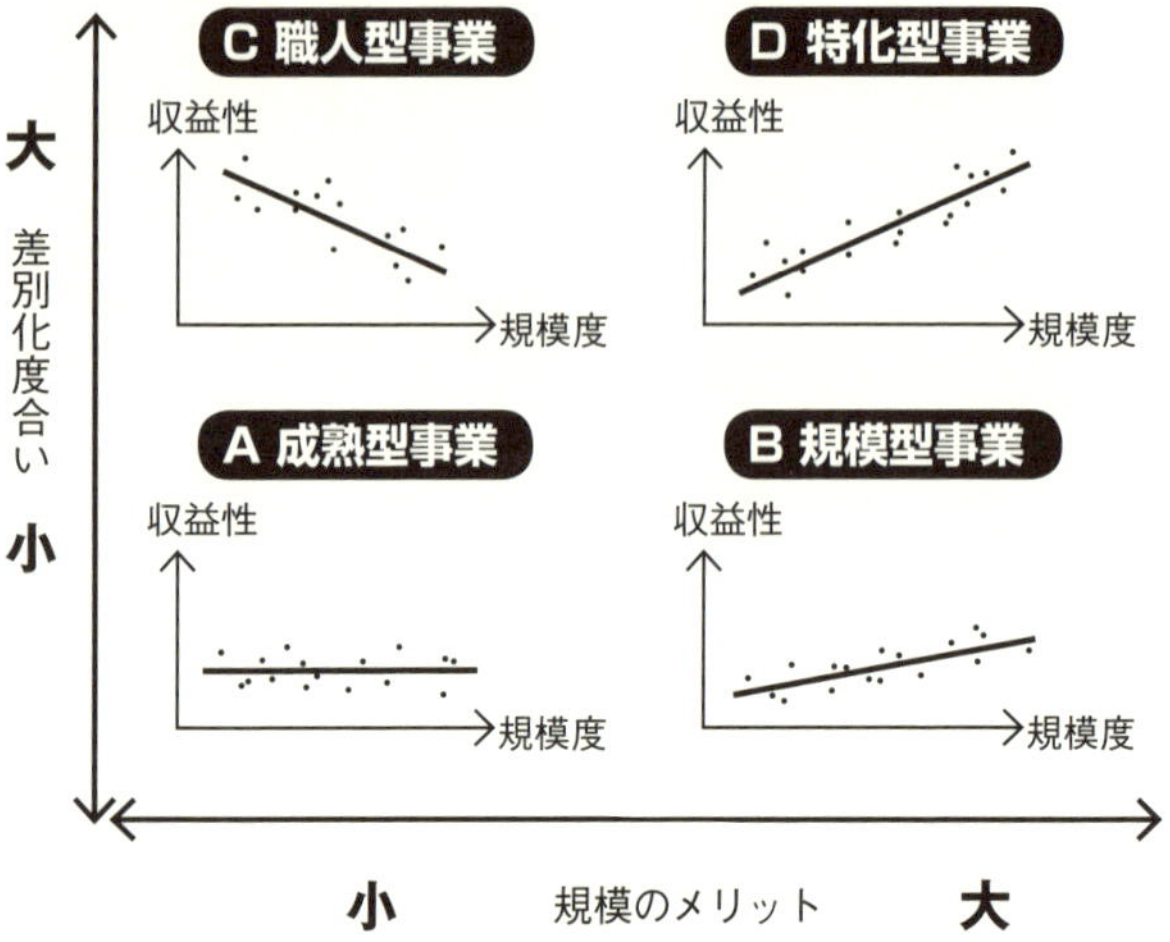

M&Aが必要である。

B 規模型事業

規模拡大に応じて収益性が高まる事業である。市場が成熟期にある中でコスト競争力が決め手となる。自動車業界など設備投資がかかる業界に多くみられる。シェア拡大のためのM&Aが求められる。

C 職人型事業

規模を追求すると、収益性が下がる事業である。固定費が少なく、社員の技能が収益性を左右する。ゲーム・アニメ業界や飲食業界などに多く見られる。ニッチ・差別化を強化できるM＆Aが求められる。

D 特化型事業

特定分野におけるシェアの高さが収益性アップにつながる事業である。国内では、規模が小さく知名度が低くても、世界的に高いシェアを誇り、高収益をたたき出している中小ベンチャー企業は結構ある。自社が特化している分野でのシェア拡大を目指したM＆Aを行うべきである。また、どの中小ベンチャー企業もこの特化型での事業展開を行えれば理想である。

さらに、買い手が成長企業か不振企業かでは以下のような買収先が候補となる。

①成長企業が買収する場合

● シェア拡大→同業企業を買収

- エリア拡大→他地域の同業企業を買収
- 成熟業界の企業が新分野開拓→周辺・隣接業種、異業種企業を買収
- 販売力の向上→小売店等の川下企業を買収

②不振企業が買収する場合

- 新規事業によって本業不振を補う→異業種企業を買収
- 自由化などで過当競争に入った業界の会社がシェアを確保する→同業企業を買収

(2) アンゾフの経営戦略によるM&A買収戦略の立案・種類

経営がいわば企業内での管理を意味していた時代に、軍事用語である「戦略（ストラテジー）」を使い、市場における競合という概念を持ち込んだのがイゴール・アンゾフである。1965年出版の「戦略経営論（Startegic Management）」では、長期的な計画とその実施による企業経営の重要性を説いた。そこでアンゾフにより提唱されたのが、

［図表6］ M&A戦略の立案（アンゾフの成長戦略マトリクス）

	既存事業／商品・サービス	新規事業／商品・サービス
既存の市場／顧客	［A 市場浸透戦略］ ●経営資源獲得 ●商品、営業網拡充 ●現状のビジネスモデルの効率化 ●ブランドの強化	［B 商品開発戦略］ ●既存市場での新商品展開 ●周辺事業買収 ●商品ラインナップの拡充
新規の市場／顧客	［C 市場開拓戦略］ ●新規顧客への商品提案 ●営業戦略構築と実施 ●営業エリア拡大 ●営業力（川下）獲得 ●原材料調達力（川上）獲得	［D 多角化戦略］ **リスク大** ●既新規事業としてのビジネスモデル構築 ●異業種買収

図表6に説明する**「成長マトリックス」**である。また同時に今日においては**「生存マトリックス」**とも呼んで良いだろう。ここではM＆A戦略の基本理論を学んでおこう。

アンゾフは、企業の事業ドメインについて経営戦略上の位置づけを行うために、市場と商品の二軸を設定、それぞれ既存・新規と分けることにより、四つの象限へと分類をした。

そして、戦略の構成要素として次の4つを挙げている。

①商品／サービス・市場分野　自社商品と市場のニーズから進出分野を明らかにすること

②成長ベクトル　成長させる分野を考えること

③シナジー　新しい分野に進出することによって得られるシナジー効果（相乗効果）

④競争上の利点　他社との優位性を考えること

進出分野は、次のようなマトリックスから考え、図表の4つのカテゴリーを軸に、M＆Aにより獲得すべき目的物を明確にする必要がある。

A 市場浸透戦略

他社との競争に勝つことによって、マーケットシェアを高める戦略。
市場浸透戦略における最優先事項は、以下の点になる。

- マーケットシェアの確保と維持
- 商品・サービスの継続的な更新
- コスト、価格ダウン
- 広告宣伝
- 新規顧客の獲得

B 商品開発戦略

新しい商品を、現在（既存）の顧客へ投入することで成長を図る戦略。
商品開発戦略においては、既存商品と関連性の高いものを展開することが重要で、最終的には顧客がその会社と取引するだけで関連商品が全て揃うというワンストップショッピングを提供できるようになることが重要である。

例えば、Amazonは書籍で事業をスタートして、今では家電や音楽などにも商品ラインナップを展開し、Amazonに行けば全てものが手に入るという状態を作り上げた。これも商品開発戦略のひとつである。また、商品ラインのギャップを埋めるというのも商品開発戦略になる。

C 市場開発戦略

現状の商品を、新しい顧客へと広げることで成長を図る戦略。

市場開発戦略においては、同じ商品で異なるセグメントを狙っていくことが重要になる。例えば、B2BからB2Cへの展開や、同じ商品の異なる地域への展開（アジアから中東への展開など）などがある。

D 多角化戦略

商品・市場ともに、現在の事業とは関連しない、新しい分野へと進出して成長を図る戦略。リスクが大きいので慎重に進めることが必要だ。次のようなパターンがある。

●水平型　現在と似たような顧客で多角化する。（例）パソコンのメーカーがプリンタやスキャナを扱うなど

●垂直型　同じ事業分野の中で※**川上から川下**にかけて多角化する。（例）石油の元売りが専門の企業が、小売りをするなど

●集中型　既存商品と新規商品をうまく関連づけて新しい市場に多角化する。（例）飲料メーカーがバイオ関連の商品を扱うなど

●集成型　現在の商品とは全く関連のない新規事業に多角化する。（例）衣料メーカーが食料品を扱うなど

それでは具体的にこの成長マトリックスを使うと、どのような戦略の選択が考えられ

※川上から川下

川上（資源・原材料）～川中（商品開発・製造）～川下（マーケティング・商品販売）

るだろうか？　以下の例で見ておこう。

（例）郊外型のファミリーレストランを展開するチェーン店のケース

A　市場浸透戦略　仕入れルートの見直しより既存のメニューの質を高め、より来店頻度の高い店を目指す。

B　商品開発戦略　来店者の属性を分析し、子ども連れが多い場合はキッズメニューなどを開発する、女性が多い場合は女性向けメニューの開発、など。

C　市場開拓戦略　ファミレスメニューで宅配サービスなどの市場に参入。また新しい地域への出店なども検討。

D　多角化戦略　水平型多角化として、既存のファミリーレストランの他に、オーガニックを使った健康志向を売りにした店舗を新規で出店するなど。集中型多角化を目指すのであれば、カラオケ店などと提携を行い、そこでの料理提供などがある。垂直型多角化であれば、川下ではなく川上にさかのぼる形で材料の製造などに乗り出す。

以上のように、様々な選択技があり、しっかりした経営ビジョンをもとに自社の適切な戦略を採用する必要がある。

3 買収のシナジー

企業買収のメリットとしてよくシナジー（相乗効果）の創出があげられる。譲渡価格のプレミアム（上乗せ）要因としても重要な概念だ。そもそもシナジーとは何か、M&Aのシナジーにはどのようなものがあるか整理しておく。

まずシナジーとは、2社以上の企業の能力や資源を結合することにより、各社単独で生み出しうる価値の合計を上回る価値を生み出す効果のことである。つまり、よく言われるように1+1が2より大きい効果を出すということだ。そしてどのような効果が出るかによって、シナジーは以下のように分類されるが、メインは(1)売上と(2)コストだ。(3)～(5)はサブ的な位置づけといっていいだろう。

(1) 売上シナジー

①同じ市場・顧客に対する商品・サービスの拡充（クロスセリングを含む）
②販売チャネルの獲得（川下への進出）
③営業ノウハウの移植
④ブランド力活用
⑤会社の知名度、信用力を活用
⑥商品・サービス開発力の向上
⑦シェア向上による市場支配力、価格支配力アップによる売上・利益の向上（業界シェア上位企業同士のM＆A）

つまり、「売上増加」として

①新しい顧客が増えるので、自社商品の売上が伸びる（クロスセリング）
②技術力や営業力のある社員を雇うことで、売上が伸びる
③自社ブランドを買った会社に付与し、買った会社の売上が伸びる
④買った会社の未利用資源（不動産等）を有効活用することで、売上が伸びる

などが、期待される。そしてこれは、あくまで「1＋1が2を超えるようなシナジー（それぞれ単体で活動する売上合計よりも高い売上成長が望める）」のことを指している。

ただし、実際の売上増強効果は予測が難しいため、あまり大きなプレミアムを算定してしまうと、高い買い物になる可能性がある。買い方としては、経済効果を計算する上では控えめな評価にしておいた方が無難だ。

(2) コスト削減シナジー

①仕入れコストの削減（規模の拡大による交渉力アップ、川上への進出等）
②販売コストの削減（販売拠点の統廃合等）

③物流コストの削減
④製造コストの削減
⑤間接部門コストの削減
⑥研究開発の合理化（開発人員の削減、開発の効率化）

つまり、「コスト削減」として
⑦重複する管理部門をスリムにすることで、固定費を削減できる
⑧外注作業を内製化することで、コストを削減できる
⑨仕入金額が増えるので、値引きを交渉できる

などが期待される。これは、最も一般的で、予測が容易なシナジーだ。間接部門は、「1＋1＝1.5」のようなイメージで削減されるので経済効果を計算しやすいのだ。さらに、規模の経済性が働く事業では、買収による規模化を図ることで、購買コスト、製造コストを低減させることもできる。

(3) リスク分散効果

大概の経営者は事業間のリスクを分散して中長期に渡って安定的に会社を経営したいという気持ちが強い。一つの事業、一部の顧客に売上が集中していると、業界不況や主要顧客倒産などで致命的になり経営危機に陥ってしまうからだ。買収により、事業リスクの分散が図れることは経営者にとってメリットが大きい。

(4) 経営手法・社員のレベルアップ

経営管理手法の導入による業務効率化や無駄の排除、また異なる企業文化の融合よる社員のモチベーション・生産性の向上も「1＋1が2を超えるようなシナジー」を生む期待がある。

(5) 財務力アップ

財務内容が良い会社同士が経営統合した場合に、資金調達力（借入余力）が大きくなったり、資金調達コストが下がったり（より低利で資金調達できる）することである。また、買収先の財務内容が買い手よりいい場合（実際はほとんどないが）も財務力アップのシナジーが期待される。

その他、以下財務関係では以下2点のシナジーが挙げられる。

①余剰資金の獲得

買収対象がもつ余剰資金を、買収する企業が有効活用することにより生じる経済価値が増大する場合がある。多大な余剰資金を持っている会社が買収対象になるのは、このためである。

②節税効果の顕在化

借入金比率が低く、安定的にキャッシュフローが見込める買収対象の場合、多額の借入金を調達して買収するケースがある。主に※ＬＢＯのような形で実施される。借入金を増やすことにより生じる節税効果がプラスアルファ分になる。因みにソフトバンクによる日本ボーダフォンの買収では、この節税効果の顕在化が大きなプラスアルファ分であった。

また、のれん（営業権）の償却が発生する場合、その償却費によって生じる節税効果も見込むことができるだろう。

なお、M&Aはシナジーがあれば成功、なければ失敗ということではない。あえて当初からシナジーを追及しないケースもあるのだ。重要なのは、①自社の戦略に合致するM&Aとなったか、②当初からシナジーを正しく想定できているか、③そのシナジーをPMI（ポストM&A）できちんと検証しているかということなのである。

(6) マイナスのシナジー

※LBO（Leveraged Buyout）

企業やファンドが他社を買収する際、自己資金だけではなく、買収先の資産や将来のキャッシュフローを見合いとした借入等で調達した資金を元手に買収を行う方法。少額の投資元本を元に、レバレッジを効かせて企業買収を行うことから、このように呼ばれる。

シナジーを考えるときには、Ｍ＆Ａによるマイナスの側面もあることを忘れてならない。例えば、Ｍ＆Ａを契機に①顧客離れが起きる、②経営陣・社員が辞める、③社員のモチベーション低下が起きる、④ＩＴシステム等の統合に関わるコストがかかる、等だ。これらはマイナスのシナジーと呼ぶ。

さらにＭ＆Ａによるマイナスの側面として気を付けなければいけないのが、**スタンドアローン**という問題である。これは買収対象があるグループ会社の一社であったり、ある会社の一事業であったりする時に、そのグループ、会社から分離独立されることによって生じるマイナスの影響のことをいう。

例えば、機能別（財務、生産、開発など）でグループを形成している会社を部分的に買収対象とした場合、新たなコストが生じる可能性がある。これをスタンドアローンコストと言い、条件交渉時には必ず争点となる。買い手は買収先のビジネスモデルをよく理解してこれらのコストを試算しておく必要がある。

(7) 買収で発生するシナジーの例

一般的にシナジー効果の算定は、企業活動における※バリューチェーンを軸に検討される。製造業におけるシナジーを例として挙げておく（図表7）。

※バリューチェーン

1つの製品が顧客のもとに届くまでには、さまざまな業務活動が関係する。自社の事業活動を機能ごとに分類し、どの部分（機能）で付加価値が生み出されているか、競合と比較してどの部分に強み・弱みがあるかを分析し、事業戦略の有効性や改善の方向を探ること。マイケル・E・ポーターが提唱した概念で、1985年に発表した著作「競争優位の戦略」中で紹介された。

［図表7］

①調達面	購買集中によるコスト低減 購買業者の共有化 （ex.取引業者拡大による品質・コストの最適化）
②開発面	開発業務の最適化（ex.互いの強みに片寄せする） 開発商品の集約（ex.重複をなくす） 開発手法の合理化 （ex.互いのプロセスのよいところを真似る） 開発拠点・設備の共有化 重複した部門の人員削減
③生産面	生産業務の最適化（ex.互いの強みに片寄せする） 生産の集約（ex.重複をなくす） 生産手法の合理化 （ex.互いのプロセスのよいところを真似る） 生産拠点・設備の共有化 余剰生産能力の活用 在庫の合理化（ex.在庫の相互融通）
④物流面	物流業者の集約（ex.重複をなくす） 物流設備（車両・搬送設備）や物流網の共有化
⑤販売販促面	商品ラインナップの強化（ex.互いの得意分野に片寄せ） クロスセル ブランドの選択と集中（ex.互いの得意分野に片寄せ） 規模化による価格下落の防止 販売チャネルの拡大、選択と集中 広告宣伝の一元化 営業人員・拠点の最適化
⑥アフターサービス面	営業人員・拠点の最適化
⑦管理面	営間接部門の集約 人材育成方法の共有化 人材交流による人材スキルアップ

［図表8］ 買収の目的とメリット

対象	目的	メリット
買い手	①新規事業への進出	迅速に人材やノウハウを獲得できる
	②規模のメリットの享受	自社との相乗効果、既存事業の強化等が可能
	③優秀な人材の獲得	会社の急成長が可能になる
	④ノウハウの取得	安定的な収益確保が期待できる
	⑤経営のスピードアップ	経営能力が存分に発揮できる
	⑥開業・起業をしたい	事業領域の拡大ができる（東京/地方進出など）
		低コスト・短期間での起業ができる

4 買収のメリット（時間を買う！）

(1) 買収企業のM&Aの目的とメリットとは

これまで何度も述べたように、スタートのポイントは「M&Aの目的を明確にする」ということだ。中小ベンチャー企業ではM&A失敗のダメージは計り知れないほどのものになる可能性がある。目的を明確にして、M&Aによって何のメリットを得ようとするのかのイメージはしっかり持たねばならない。なお、大きな視点では、①ゼロの状態から事業を立ち上げた場合にかかるノウハウ習得や人材教育などにかかる時間コスト、金銭的コストなどを大幅に軽減できること、②事前に収益状況を把握した状態で買収するため、失敗リスクを軽減すること、などがM＆Aのメリットであることは前述した。

図表8が買収目的とそのメリットについてまとめである。

(2) 経営戦略としての企業買収のメリット

「M＆Aにより企業を買収すること」と「自前で事業を立ち上げること」を比較したメリット（**(1)**とも重複する事項も多い）は、以下の通りである。

①既存事業の拡大や事業の多角化ができる

自社の経営戦略やニーズにマッチした企業M＆Aで買収することによって、事業の多角化や弱体部門の強化などを行うことができる。

また、活路を見出すための新たなシナジー効果を活かすことができる。

具体的には、「双方の販売チャネルに双方の商品を乗せてクロスセルを行い、販売力を強化する」「配送ルートを整理して効率化する」「重複部門の統合や経営資源のシフトにより手薄であった部門を強化する」「双方のノウハウを活かす」「両社のリソースを活用して新商品・新サービス開発を行う」などの可能性が生まれる。

②時間を買うことができる

新規事業参入や事業拡大にかかる時間を短縮することができる。

地域に店舗・工場を自ら設置しようとすれば、土地・建物の購入または賃借、改装等工事、従業員の雇用、取引先開拓など多くの手間（時間）がかかる。

M&Aを行えば、自社で一から経営資源を投入して、事業を立ち上げる時間と労力を省くことができる。

また、優秀な人材やノウハウなどを獲得することもできる。自社で人材育成を行ったり、ノウハウを積み上げたりする時間を短縮することになる。

③投資コストが安く、リスクが少ない

Ｍ＆Ａで買収したのと同じ規模の企業や商圏をすべて自前で整えようとすれば、時間ばかりか、はるかに大きなコストとリスクがかかる。

既に軌道に乗っている事業の資産・負債の状況、採算性その他も確認した上での買収ならば、事業リスクそのものを低減することができる。

5 買い手のインセンティブ

インセンティブとは、「人は何の報酬で評価され満足するか」という意思決定や行動に影響を与えている要因のことをいう。例えばそれが金銭ならば、まずは儲かることかどうかが行動の原因に、非金銭ならば、人々に感謝されるどうかなどが行動の原因になる。

Ｍ＆Ａにおいては、買い手の買収理由と合わせて何がインセンティブとなっているのかを売り手側も理解して交渉することが大事である。

(1) 買収価格～出来るだけ安く買いたい

M&Aの買い手は定量的には純粋な投資行為である。そのため、必要以上に高くは買いたくない。安く買えれば、投資リターンや買収後の企業価値が増大する可能性が高まるからだ。しかし、やみくもに買い叩こうとすれば、売り手の不信感を生むため、投資活動として相手が納得できるような買収金額と根拠を示す必要がある。特にシナジー効果をどう評価するかがポイントとなる。また、他の買い手との競合次第では、あまり安く買おうとすることにこだわりすぎると、失敗する例も多いので注意が必要だ。

(2) 交渉権～独占的に買収話を進めたい

(1)と関連するが、売り手がオークション形式で買い手を探すと、買い手間で買収価格が吊り上がることになり、買い手は高値掴みを警戒する。したがって、買い手としてはこのような競合を避けるため、早めに意向表明を出し、独占的な交渉権をとるべきである。売り手のインセンティブでも述べるが売り手が売却する意向を決めると、なるべく早く有利に成約したいというのが本音だ。買い手としてはスピード感をもって案件検討を進めることが独占交渉権をえられるポイントであるといえよう。

(3) スケジュール～買い手の事情で進めたい

買い手にとって、是非買収したい売り手が現れれば、競合他社が現れるまたは少ないうちに交渉を進めたいものである。またこれが買い手予算の関係で今期中に決済したいということにでもなれば、なおさら早めに決めたい意向が働く。逆に、買収候補が複数あったり、売り手企業それぞれの状況を見極めるのに時間がほしいという場合もある。この買い手スケジュール感は状況次第ということもあるのだが、ポイントは売り手の立場も考え、信用を失うことなく交渉を上手にかつ誠意を持って進めていくことが重要だ。

(4) リスク～出来るだけ抑えたい

買収リスクとは、基本合意後に行われるデューデリジェンスにおいて、売り手企業の財務内容や潜在的な問題点の洗い出しされるものをいう。主なものは次の通り。

①財務（会計）デューデリジェンス：専門家／公認会計士・税理士

- 会計処理は適正か
- 帳簿資産は実在するか、簿外債務はないか
- 純資産額の実態はいくらか

②法務デューデリジェンス：専門家／弁護士

- 係争事件がある場合の影響はどうか
- 土壌汚染など環境問題はかかえてないか
- 取引先などとの重要な契約内容に問題はないか

③ビジネスデューデリジェンス：専門家／M＆Aアドバイザー
●経営管理はきちんとしているか
●営業活動の方法はいかなるものか
●技術・商品開発力はどの程度のものなのか

①②は、詳細に実施すればするほど、専門家への支払いフィー（中小ベンチャー企業のM＆Aだと100〜数百万円程度）が増加する。どこまでお金をかけるかということになる。また③に関しては、特に中小ベンチャー企業においては、**(5)**と関連して、経営陣・社員の中のキー人材の継続勤務の意思などが重要となるので、面談等で確認したいところである。しかし、売り手側は売却情報の漏えいを嫌がるため、その調整が課題となる。

因みに最終譲渡契約における売り手と買い手のリスク分担は、売り手は譲渡前に表明した事項について責任を負い、買い手は譲渡後について責任を負うというのが原則だ。

(5) 有能経営陣／有力社員～引き続き留まって活躍してほしい

買収先が新規事業・異業種で買い手側に運営ノウハウがなければ、業績を維持・進展してもらうため、現在のキー人材には残ってほしいと考える。買収先が同業でノウハウを持っている場合は、経営陣の交代は進みやすいだろうが、社員のキー人材（営業、開発などの実績社員）は残ってほしいと考えその引き留め策がポイントとなる。因みに一般的には、最終契約において一年間程度の全社員の雇用条件維持を明記するケースも多い。

6 買収の一連の流れ

［図表9］ 買い手からみた買収の一連の流れ

Ⅰ 戦略策定・準備フェーズ

［**M&A戦略策定**］
①経営目的・戦略の決定⇒M&Aの必要性の確認
⇒ビジョン・全体戦略との整合性確認
②M&A基本計画の策定⇒獲得すべき目的物の明確化
⇒スケジュール決定
▼
③M&Aアドバイザーとアドバイザリー契約締結
▼
［**候補先選定**］
④買収候補先絞り込みの評価基準作成（売上高、地域、商品、ブランド等）
⑤M&A情報収集
⑥ロングリスト作成（約30社）
⑦ショートリスト作成（約10社）

⬇

Ⅱ 交渉・契約フェーズ

［**買い手会社**］
①秘密保持契約書締結
②企業概要・初期情報によるビジネスデューデリジェンス
③基本合意書締結
▼
④詳細ビジネスデューデリジェンスによるシナジー効果測定・統合計画策定
⑤最終契約書締結

［**M&Aアドバイザー**］
⑥買収候補先コンタクト
⑦面談・交渉サポート
⑧企業概要・初期情報による買収額・M&Aスキーム提示
⑨基本合意書交渉サポート統合計画策定

⬇

Ⅲ PMIフェーズ

［**統合マネジメント**］
①統合後事業計画書の策定
②新組織・新人事策定
③シナジー実現のための詳細プラン
④統合後プロセスのマイルストーン管理

第１章のＭ＆Ａのプロセスでもみてきたが、もう一度ここでは買い方からみた買収の一連の流れとポイントを確認しておこう（図表９）。

上場会社の場合は、事業規模・組織ともに大きいために、右図におけるⅢＰＭＩフェーズの統合マネジメント（49ページ）に多大な手間と労力がかかる。つまり、違うＤＮＡをもつ組織体の融合に時間や手間がかかる傾向にあるのは仕方ないことだ。その一方で、中小ベンチャー企業は、管理体制が甘くその整備に手間と労力がかかるものの、事業規模・組織が小さいもの同士であることが多いため、最終的にはキメの問題で統合マネジメントには一気に進みやすい。

中小ベンチャー企業はＭ＆Ａに失敗した場合、上場企業と比べて財務力が弱いため、上場企業とは比較にならないほどの大きなダメージを被り、会社の存続を揺るがすことにもなりかねない。そのためには、右図におけるⅠフェーズのＭ＆Ａ戦略の策定、特に候補先の選定を慎重にかつ具体的に吟味することが最も重要なことといえるだろう。

7 買収成功の秘訣
（買収に失敗しないためのチェックリスト）

［図表10］ M＆Aの失敗要因とPMIでの注意点

Ⅰ　戦略策定・準備フェーズ

失敗要因

プレM&Aで買収の目的が、
①具体的でない
②成功の基準が不明瞭

Ⅱ　交渉・契約フェーズ

失敗要因

買収先企業のM&A後、
①どのように活かすかという方針不明瞭
②組織・ガバナンス体制が不明瞭

Ⅲ　PMIフェーズ

課題顕在化

①M&A後の適切な経営陣・人材の配慮が実施されていない
②買収先企業の協力体制が出来ていない
③M&Aの目的が達成出来ない

PMIでの注意点

①M&A成立に懸命になり過ぎ、PMIに向けた準備が出来ていないこと
②M&A成立までは、特定関係者でのコミュニケーションがPMIでは社内外の多種多様な関係者とのコミュニケーションが必要となること
③Ⅰ戦略策定・準備フェーズ、Ⅱ 交渉・契約フェーズ、Ⅲ PMIフェーズ、それぞれのフェーズにおける担当者が入れ替わること

(1) 買収に失敗しないためのチェックリスト

①目的が曖昧なＭ＆Ａは高い確率で失敗する！

●目的は明確だろうか？ 買収することが目的になっていないか？

●「その会社が儲かっている」っていう理由だけで買収を考えていないか？

●本当に自社の自力で事業を展開するという選択肢はないのだろうか？

②Ｍ＆Ａアドバイザーからの持込案件は注意が必要である！

●持込案件の場合、そのＭ＆Ａアドバイザーは売り手側についていることが多く、売買が成立するように、売り手側の情報を操作している可能性もある。

●「その会社が売り出された本当の理由」を調査したか？ 本当にそのＭ＆Ａアドバイザーは信頼できるか？ 悪質なブローカーがいかどうかを判別するために、売り手と専任契約を結んでいるか（案件として成立しているか）確認しているか。

●M&Aアドバイザーは多数のM&A案件情報を保有しているが、M&Aの情報は生鮮食品と同じで腐りやすいもの。たくさんある売り手の情報の中から、本当によい情報はすぐに売れてしまい、長く売れずに残っている情報はやはり何か問題がある可能性があるので注意が必要。

③M&Aで最も失敗しているのは、自分の会社の事業とは全く関係ない会社を買収するケース（新規事業・多角化）である！

●少なくとも初めてのM&Aでは知らない業界の会社（事業）買収は避けるべき。選択として已むを得ない場合は、戦略をしっかり立てる。

④会社内に適切にM&Aを遂行できる専門家はいるか？

●M&Aは高度な専門性が要求される。社内に専門家がいない場合は、必ず外部の適切な専門家を雇うこと（第4章）。

⑤本当にその買収価格は適切な価格か？

●ビジネス／財務／法務デューデリジェンス（精査）の過程で、リスク分析を徹底的に行ったか？その結果に納得しているか？

●簿外債務、連帯保証、税金や社会保険料の滞納、脱税、公害問題、係争事件、労働問題はないか？

⑥交渉過程で、買収後（PMI）の事業戦略・組織・人事制度等について相手方とが取れているか？

●M&Aの手続き自体は、譲渡が終わって譲渡対価の支払いが終われば終了である。M&Aアドバイザーの業務も基本的にはそこで終わりとなる。しかし、実際には譲渡終了後にトラブルが発生したり、統合後の管理体制に手間取ったりなど実は買収後も結構大変なのだ。中小ベンチャー企業の場合、元々管理体制は不十分なことが多いため、統合作業にかなり苦労する。例えば売上シナジーで述べたクロスセリングや顧客創造といったところは、実際の現場感覚からすると、理屈通りにはならないことも多い。したがって、交渉の段階からＰＭＩでの課題が顕在化することにつき、しっかりとした協力体制やガバナンス体制を敷くことの確認が重要である（図表10）

(2) 買収成功の5つの心構え

①中小企業のＭ＆Ａはトップ同士の経営・社員・取引先などに対する考え方が互いに理解しあえるかどうかが大きなカギとなる。買い手は少しでも安く買収したいと考えるものだが、当然のことながら売り手企業は高く売りたいと思っている。特に中小企業のオーナーは会社をわが子同然に考えている方も多く、スムーズな交渉をするうえでは、まずは買収金額よりも、トップ同士の人間性を理解しあうことから始めるべきである。

②「買収の目的」、「買収後の管理体制」など具体的なビジョンを持つことで、どのようなＭ＆Ａを行うべきかが見えてくる。

［図表11］買収成功の5つの心構え

①売り手トップの信頼と理解を得よう！	①M&A成約に最も重要な要素である。M&Aは会社同士の結婚に例えられる。M&A成約の近道はトップ同士の人間性を理解しあうこと。
②具体的な買収ビジョンを持とう！	②「買収の目的」、「買収後の管理体制」などの方針を明確にしておくことで、どのようなM&Aを行うべきかが見えてくる。
③鳥瞰的な視点で英断しよう！	③交渉の過程で、あまり細部にこだわり過ぎると交渉が硬直化してしまうことが多い。細部も時には重要だが、総合的・大局的な見地に立つことも必要。
④迅速な決断をしよう！	④M&Aの交渉は時間をかけすぎたり、決断のタイミングを逃してしまうと、不成立になってしまう「生鮮食品」的な要素が強い。
⑤売り手企業・社員を尊重しよう！	⑤売り手企業・社員を見下すようなことはあってはならない。相手の企業文化を尊重するところからM&Aは始まる。

③交渉の段階では、最初からあまり細部にこだわり過ぎると交渉が硬直化しやすいので、総合的・大局的な見地に立ちつつ、徐々に疑問点を解決していくスタンスも必要である。

④交渉に期間をかけすぎたり、決断のタイミングを逃してしまうと、成約確度が低くなりがちなので、すばやい決断が必要である。

⑤売り手を尊重すること。互いの企業文化を尊重しあって初めて良好な関係が築けると考えになることが必要である。トップ同士はもちろん、社員同士にもその考え方を浸透させる必要がある。

(3) 買収成功の5つのポイント

①M&A戦略を明確にする

M&Aは経営戦略の一つである。M&Aを検討する前に、現在の経営課題は何なのか、そしてその解決のためにM&A以外の方法はないのかしっかり検討し、実行可否を決定しなければならない。またそもそも株主、社員、取引先、社会等のステークホルダー（利害関係者）の誰に対して貢献したいのかを決める必要もある。

その上で、そのためには「利益を上げる」「売上を上げる」「成長を加速する」経営の安定性を高める」等どの手段でステークホルダーに報いるのか、またどのような経営資源（人材、顧客、商材、情報、技術、ブランド等）を獲得したいのかを明確にしておく必要がある。

それを実現するために、「シナジーのある事業の獲得」「規模の利益の追求」「新しい事業の構築」「多角化による経営の安定化」等のM&Aの目的が決まってくる。

M&Aで失敗している会社は、以上述べたような戦略がなく、持ち込まれた案件をただ行き当たりばったりで検討しているところが多い。一方、M&Aで成功、成長している会社は、このようなM&Aの戦略が明確になっている。

②幅広い案件情報を収集する

買収目的が明確になって、次はその目的に合致する企業を探すことになる。そこでなるべくニーズに合致した買収を成功させるためには、ある程度幅広く案件情報を集め、その中から選択できることが良い。つまり、買い手は複数の情報力のあるM&Aアドバイザーや金融機関に買収ニーズを伝えておくべきである。

とりわけ売り手のオーナー社長は、自分がこれまで育ててきた我が子のような会社・社員に強い思い入れを持っているので、売り手社長の心情に十分配慮して交渉することが必要だ。

③人の感情が成否を左右する

売り手社長の感情を理解せず、上から目線の態度で接したり、信頼関係を築く前に条件交渉を始めたりしてしまうと、たとえ良い条件を提示したとしても、売り手社長から振られてしまうことがよくある。中小ベンチャー企業のM＆Aにおいては往々にして経済合理性よりも人の感情が成否を左右することがある（実績あるM＆Aアドバイザーなら誰しも経験している）ことはよく覚えておきたい。

また、売り手社長の売却理由によって、「高い価格で売却したい」、「正当に評価されたい」、「社員や取引先にとって良いM＆Aでありたい」、「個人保証をはずしたい」、「早く決着したい」等様々なインセンティブが働いている（第3章）。それらを踏まえた上で、自社の要望と相手の気持ちが合致するための交渉をしなければならない。

④シナジーを正しく評価する

売り手が同業や周辺分野の会社であれば、シナジー（相乗効果）は計算しやすい。しかし、そのシナジーが本当に「実現」するかは別問題だ。事前に現実的なシナジーを評価し、ＰＭＩで具体的なプランがないと、買収したものの結局ほとんどシナジーがなかったという事態もありうる。

⑤適正な買収価格（および手数料）を決める

買収価格は、現状の業績、財務内容、シナジーおよび将来の事業計画等を検討して決定する。その際、適正な評価を見誤ると買収価格が過大となり、投資行為としては失敗となる。

過去の成長性が将来の成長性を約束するわけではないので注意が必要だ。

一方、魅力ある売り手企業に対しては、複数の買い手が競合している場合がほとんどであり、売り手側へのオファーは買収価格が絶妙な（他社より魅力的な）設定でないと買収は難しい（駆け引きである）。

さらにM＆Aアドバイザーへの支払い手数料等のコストも買収コストに含めて考える必要がある。その手数料は、各業者によって、着手金・中間金の有無や成功報酬額に大きな違いがあるので事前によく確認しよう。単純に手数料が高いか安いかだけでなく、M＆Aアドバイザーの実績・経験、当該M＆A戦略において適正な専門家なのかどうかなどから判断すべきなのである（第4章）。

PART 3

会社（事業）を売りたい！

本章で伝えたいこと

M&Aでの会社売却というと、かつては「身売り」といったネガティブなイメージがあったが、昨今では他社に評価されている証として、むしろ前向きに捉えられるようになっている。特に中小ベンチャー企業での売却ではどのような戦略・目的や心構え・準備が必要なのだろう？売りたいプレーヤーとして知っておきたいことを解説する。

1 後継者難の解決への成功利用例

まずは筆者が実際に手がけたM＆Aを例にとって、具体的ケースで説明するのでイメージを掴んでほしい。

〔**事例**〕

K社は、設立からおよそ80年を超える社歴を有するタオルの製造・販売会社で、今治産高級タオルなどを取り扱ってきた。数年前に会社の経営が苦しくなっていた際、創業者オーナーの孫娘が必死に社長として経営を立て直してきたが、同氏も70歳を超えて後継者問題に頭を悩ませていた。数人の後継者候補はいずれも問題があり、経営を任せるには至らず、株主（創業者一族ほか）からも会社の譲渡を迫られるなどひっ迫した状況になってきたのである。

この相談が持ち込まれた際、K社は次の2つの選択肢を検討していた。

(1) 会社清算のケース

資産売却現金化により、工場他資産は3.4億円の試算となり、現金0.1億円を加えると総資産時価は3.5億円。一方、負債の4億円を一括返済するためには、不足額0.5億円を自分で負担しなければならない。さらにこの場合は、株主の手取り（配当実施）がもちろんないことに加え、従業員の

［図表12］

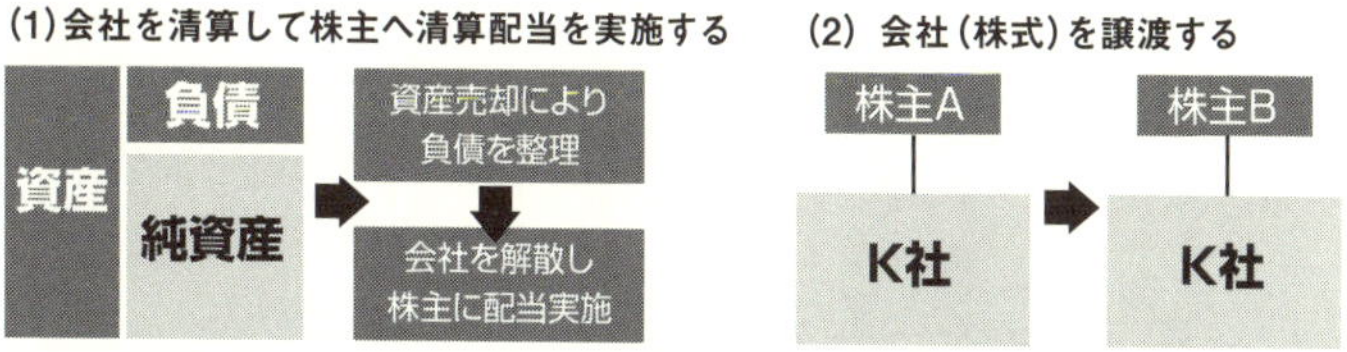

バランスシートB/S	
総資産（現金0.1億円、工場他4.9億円）5億円	負債（銀行借入、買掛金等）4億円
	時価純資産1億円

(1) 会社清算のケース	(2) M&Aのケース
負債（銀行借入、買掛金等）＝4億円 総資産現金化＝3.4億＋0.1億＝3.5億円 拠出補填額＝ 3.5億－4億＝（－）0.5億円	企業（株価）評価額＝ 時価純資産＋営業権 ＝1億＋0.25億＝1.25億円 受取額＝1.25億円×80%＝1.0億円

雇用や事業の継続、顧客の引き継ぎが大きな問題となる。

(2) M&A（株式譲渡）のケース

M&Aの場合、中小ベンチャー企業の企業（株価）評価額は、第1章で説明したように、は時価純資産＋営業権を使う。K社の試算では、1億＋0.25億＝1.25億円　これを実際の売却可能性を考慮した8割掛けで、受取額は1億円の見込みとなった。

このケースでは、**(1)** の配当をもらえるどころか清算金を負担しなければならないケースに比較して株主の受取額もしっかり出て、法人もそのまま残り、社員は継続雇用され、下請け等の取引先も続くというハッピーな結果となる。

当然 **(2)** を選択し、買収してくれる候補先を選定した。

数社とのマッチングを経て、紆余曲折の末に繊維商社Y社への100％株式譲渡を進めることとなり、株主の同意を得て円満に株式譲渡が実行された。

このケースでは、典型的な「後継者難によるM&A」の実例と言える。K社の場合、この借入についての個人保証問題もあり、社内での後継者選びは難しい状況であった。結果的に自社単独での事業継承ではなく、M&Aによる株式譲渡を選択したが、経営の後継者問題はY社から人材を得ることで解決し、株主も売却益を得ることができた。社員も継続雇用となり、顧客も守られただけでなく、Y社のネットワークを利用してさらなる事業展開が見込める状況となったのである。事業継承にM&Aを利用して成功した一例である。

2 会社を売りたい！ 5つの理由

(1) 創業者利潤獲得&新しいビジネスを立ち上げたい！

起業家には二つのタイプがある。一つは会社立ち上げ後、とことん大きくすることにやりがいを感じ、オーナー経営者として君臨し続けるタイプ、もう一つは、会社立ち上げは好きでやりがいを感じるものの、一定の成長をした後は興味を失い、一度売却してまた新しい会社を興したい、あるいは、そのままアーリーリタイアしたい、というタイプである。

後者の場合、アメリカでは創業者利潤の獲得は、第1章で前述したようにIPOよりM&Aによる売却が多く利用されており、創業当初から売却戦略を立てるケースが盛んだ。アメリカの起業家の多くは、いったん起業したビジネスを一生の仕事とは考えておらず、起業し、自分の会社が高収益を上げるようになったら、その会社を売却して、創業者利益を手にし、次のもっと可能性の大きなビジネスにチャレンジしようとする。これがいわゆる「※シリアル・アントレプレナー（連続起業家）」と呼ばれる人たちだ。

この場合、高収益で儲かっているピークに会社を売るから、買収希望会社がたくさんあり、すぐに売却できる。アメリカのこのようなイグジットのエコシステムは、高いレベルの教育・研究、技術開発、そして次の起業家育成の糧になっている。日本においても今後は、アメリカのように最初から売却を目指して創業するタイプが増えてくるだろう。

(2) 後継者が不在（事業承継）だ！

第1章でも述べたように、この理由が特にオーナー企業の売りたい動機の中心だ。調査会社によると、中小企業の6割を超える企業で後継者問題を抱えているとの結果もある。世代交代時期を迎えても、後継者のいない会社がたくさんあるのだ。そして子供がいても子供の適性や将来を考えると、親が作った会社は親の代で、別のしっかりした会社に売却したい、と考えるケースが多くなっている。この問題を解決していくことは我が国の雇用問題もからみ、重要な課題だ。適切なM&Aでの活用が大いに期待される。

※シリアル・アントレプレナー

シリアル（serial）は「連続的な」の意、アントレプレナー（起業家）の中でも、特に連続して何度も新しい事業を立ち上げる起業家を指す。シリアル・アントレプレナーは、ベンチャー企業を立ち上げた後、事業を軌道に乗せることに成功すると、その事業から半ばあるいは完全に手を引き、また別のベンチャー企業の立ち上げに取り組む。あるいは、事業が不成功に終わり倒産することになった場合も、失敗を糧としてやはり次の事業をスタートする。シリコンバレーにおけるエグジットのエコシステムに貢献している。

(3) 会社（事業）の成長を願う！

オーナー企業社長が今後の自社の発展や社員の将来を考えて、自分が経営を降りてもしっかりした会社に任せよう、と決断するケースである。この場合、後継者・業績など問題を抱えていることが理由ではないので、「しっかりした会社」をじっくり選びたいというスタンスになる。大手企業や上場企業、あるいは勢いある新興・ベンチャー企業に売却し、その傘下に入ることで、その企業の資本力、販売網、人材等を活用し、自社のみでの成長の限界を破り、さらに大きな企業になるように、会社・社員がチャレンジしていくことになる。

(4) 事業の選択と集中が必要だ！

これも第1章でも触れたが、不採算事業を売却して、成長事業に集中して経営資源を投入する戦略である。経営体力に限りがある中で、事業ポートフォリオの適切な組換えや集中は、中小ベンチャー企業にとって生存にかかわる問題だ。そのためには事業ごとに売り上げ・利益・成長性等で総合評価する基準を持ち、トップは果断な意思決定が求められる。今後は非上場企業においても資本効率を考え、ＲＯＥ（株主資本利益率）戦略を考慮する経営が求められるだろう。

(5) 業績の悪化・先行き不安を回避したい！

自分の会社の業績が非常に悪化してきたため、「出来れば倒産する前に、どこかの企業の傘下に入りたい、他社の資金で救済してほしい」と考えＭ＆Ａアドバイザーに相談にくるケースは多い。しかし、こうした会社の場合は、たいてい相当の負債を抱えているため、なかなか買う会社は見つからない。負債を補って余りあるプラス（会社の強み、優良な顧客、特殊な技術・特許、許可、店舗の立地等）がなければ、こういう会社は正直売れないのだ。資金繰りの悪化、倒産寸前になっては遅すぎる。そうなる前に会社を売る決断をしなければ病気の進行と同じく手遅れである。このような事態になった企業のＭ＆Ａは、再生支援のスポンサーを探すことになる。しかし、再生案件に投資する会社やファンドは、当然再建メドを厳しくみてくるため、現実は厳しいものとみた方が良い。

なお、親会社の経営不振のため、売却される子会社等が買い手先に不満を持つ場合、経営陣らが自らの資金を投入し、ＭＢＯ（経営陣による買収）するケースもあることは前述した通りである（参考６）。

3 売り時とはいつなのか？タイミング（業績＋業界＋意欲）が大事

売ると決断して、それではいつ売るべきなのか、同じ会社でも一般的には、業績の状況によって企業評価は変わる。やはり業績が良いときに買い手希望は多く、売り手有利で交渉しやすい。さらには、例えば規制緩和等が予想される業界の動向やオーナー自身の事業意欲、によって、ベストな売却タイミングが決まってくる。

(1) 業績

まず、経営がどうにも立ち行かなくなってからの売却は相当厳しい。しかし、実はこの段階での相談が相当多い。自力でやるだけやり万策尽きたから、ということだろう。実際、赤字続きの企業を立て直すには、同業者で経営ノウハウのある買い手候補がいるかどうかにかかっている。例えば成功している会社が自社の経営モデルをそのまま持ち込んで同業の赤字会社をうまく改善できるかどうかなどである。経験的にいうと、2期連続赤字が見込まれたら、売却する決断をしないと手遅れになる可能性は高い。

(2) 業界

自由化の波を受けて、業界再編が進むと予想される業界では、①単独で生き残る　②M&Aで合従連衡して業界・地域でのNO.1を目指す　③大手に売却してその傘下に

［図表13］ 今後の業界再編予想例

1. 覇権化争いが進む業界	調剤薬局、食品卸、スーパー、外食運送、太陽光発電など
2. ビジネスモデルが変わる業界	タクシー、介護、医療、自動車、人材、観光、小売りなど
3. 市場縮小が予想される業界	印刷、金型、機械、小売り、教育など

入る という選択しかない。

図表13の業界（1～3）では、買い手企業はシェア争いで大きく動く時期がある。そのタイミングに合わせ、自社単独で生き残る自信がなければ、売却を早めに検討しておくことは大事である。

(3) 意欲

オーナー社長の事業意欲が落ちてくるようだと、業績に影響してくる。そうなって企業価値が落ちる前に、しっかりした会社に売却することを決める選択もある。事業意欲が落ちる理由として、「別のビジネスをしたい」「組織運営に疲れた」「健康に問題が出てきた」などがある。このような場合は、業績の良し悪しに構わず、一旦売却するべきだろう。因みに業績がいいときは売りやすいが、悪いときは厳しいので素早い行動が必要だ。もたもたしていると、企業価値がなくなり、売却できず、倒産・廃業に追い込まれ、社員・取引先に最悪な事態をもたらす可能性が高いからだ。そうならないように時間もないので適切なM＆Aアドバイザーなど専門家と相談すべきである。ただ、M＆Aの成約が厳しいと見込まれる状況下では、着手金狙いのM＆Aアドバイザーもいるので選択には注意が必要だ。

また、事業意欲があるものの、業績が悪い場合は、売却・買収両面からのM＆Aによる立て直しを検討すべしである。そして意欲があり、業績が良い場合は、会社継続とさらなる成長を睨んで買収戦略を考えることになる。

4 売れやすい業界・売れやすい会社

(1) 売れやすい業界

［図表14］買い手に人気のある業界の特徴

①ストック型ビジネス	定期にキャッシュフローがある（ビル管理など）
②成長型ビジネス	市場拡大が見込まれる（IT市場、FX仲介など）
③規模型ビジネス	寡占化が進んでいない市場（食品スーパーなど）
④許認可型ビジネス	行政の許認可が必要な職種（介護、宅建や証券など）

売れやすい、言い換えれば、買い手に人気があるということだが、一般的には図表14のようになる。①の**ストック型**では、とにかくキャッシュフローが読める事業は安定性から、ビルメンテナンスなどは人気があり、売却案件そのものが出にくい。②**成長型**は、伸びる市場に参入したいと異業種からも買い手が多い。③の**規模型**は、シェア拡大を狙う同業他社からの買い意欲が強い。④の**許認可型**は、時間・信用を買い、参入障壁の高い業界へ入ろうというものだ。例えば宅建業は、一般的に免許更新が多い会社ほど業界・顧客の信用が高いと見込まれ、売りやすいといえる。

(2) 売れやすい会社

この基準もあくまで一般的であるので参考程度にみていただければよい。

［図表15］売れやすい会社・売れにくい会社

	売れやすい会社	売れにくい会社
①業界・業態	調剤薬局、印刷、加工など	特殊1社単独、下請け、家業
②業績	売上・利益が成長・安定	数年間構造的赤字
③事業成長性	あり	厳しい
④財務内容	1.資産超過 2.売上が数億円以上 3.実質損益 4.借入金が適正レベル 5.自己資本比率高い	1.債務超過 2.粉飾の恐れ 3.黒字本業以外の証券・不動産等の財テク投資が多い
⑤社内体制	1.オーナーからの権限委譲 2.組織的ノウハウ蓄積 3.良好な経営管理 4.コンプライアンス	1.オーナーや特定社員の属人能力依存度が高い 2.甘い管理体制
⑥M&A対応	1.買い手の考え方を理解 2.交渉時の誠実かつ迅速さ	1.過剰なプライド 2.質問などの対応が遅い

① **業界・業態** に関しては、**(1)** で述べた通りであり、業界の状況によって売りやすい時期もあるということである。しかし、その中にあっても、特殊な事業や単なる下請け、家業のような会社は特に特徴がなければ、売却には困難がある。

② **業績** は何度も触れているが、利益が出ている会社ほど買い手に人気が出る。

③ **成長性** は、買収後の効果を期待でき、魅力的に映ることはいうまでもない。

④ **財務内容**

まず、売上1億円以下で利益が出ていない、債務超過である企業の売却は難しい。

財務が良い会社ほど高い企業評価がつき、売りやすい。また税務対策上、生命保険や役員報酬などであえて利益圧縮をしている場合、赤字でも実質で黒字と判定できることもある。

一方で利益が出ているように決算を粉飾している恐れがあり、オーナー社長が本業以外の財テクに夢中になっている場合は、買い手に敬遠されることはいうまでもない。

借入金は一般に売上の30％以内に止めるべきだが、自己資本比率が低すぎる企業は利払い負担の面から警戒されやすいだろう。

⑤ 社内体制

中小ベンチャー企業のオーナー社長の影響力は大きい。それでも、組織運営がどの程度のオーナー依存度（言い換えれば権限委譲）で行われているかということである。

売却後、オーナーが抜けても組織的にはしっかりしていないと、企業価値が下がる可能性がある。利益の源泉を含め経営の「見える化」が出来るだけ進んでいる企業の方が好まれるのだ。管理面ではコンプライアンス（法令順守）上問題ないかどうか、買い手が大いに気にするところである。

⑥ M&A対応

最後はM＆Aの交渉対応だ。特に中小ベンチャー企業の場合は、トップの対応如何で相互に信頼感が醸成されなければ、成約までいかないと断言していい。その意味では、売り手オーナーは過剰なプライドを開かせず、価格交渉では買い手の根拠に理解を示し、誠実かつ迅速に対応していく姿勢が大事である。また特に数字は信用の基礎であるので、買い手からの質問には丁寧に答えていく必要がある。例えば月次試算表を作成・開示して月ベースの業績動向も示す、といった行為は買い手の信用を増すことだといってよいだろう。

5 売却に成功する4つの会社タイプ

(1) 売れる会社

売る会社の業績が右肩上がりであれば、買い手希望は多く売れやすい。損益が黒字で業績も年々伸び、マーケットも拡大が見込まれれば、企業の魅力は高いからだ。さらに、今は赤字でも、徐々に改善されており、黒字になる方向が見えているという右肩上がりの会社であれば、これも買い手がつくだろう。

逆に、現在の時点で黒字であっても、収益・売上が年々、前年割れしているような右肩下がりの会社はなかなか売れない。理由は、会社の体質に本質的な問題が出てきているか、マーケットそのものが縮小しているかのどちらかが考えられるからだ。

例として「創業者利潤獲得&新しいビジネスを立ち上げ」で売却を行う会社である。

(2) 売る会社

これは、「特徴を持った会社」で、とにかく強みを強調して、それを魅力として「売る」ということだ。特殊技術、製造ノウハウ、商品力、一流の得意先、大手企業との取引口座があるなど、その会社ならではの特徴があれば、新規に参入してくる会社としては買いやすい。M&Aで会社を売るには、会社に磨きをかけて、会社の特徴・強みを明確にしていくことである。例として「事業の選択と集中」で売却を行う会社である。

(3) 買われる会社

売る会社に一般的な魅力がなくても、買う会社のニーズに合えば、買われる会社になる。買う会社のニーズとして、例えば、「業界シェア拡大のために同業者を買収したい」、「エリア拡大のため、他地域の同業者を買収したい」の場合、売る会社が赤字でも買う会社がいる。理由は買う会社が同業者なので、経営を立て直すノウハウを持っており、少々の赤字でも買収して黒字化できるメドがあるからだ。このように、買う会社のニーズにマッチする会社が出現すれば、その会社は買われることになる。例として「後継者が不在（事業承継）」や「会社（事業）成長」で売却を行う会社である。

(4) 倒産会社

民事再生や会社更生などの再建型の法的整理手続きで、M＆Aを導入して**企業再生**の事例が数多くみられるようになっている。法的整理手続きで、M＆Aが導入される理由は次の通り。

① 倒産企業のM＆Aの必要性

法的整理手続きに入ると、倒産企業の信用がなくなり、取引先や顧客との取引に支障が生じるため、倒産企業単独での自力再建が難しくなる。このため、経営再建のためには信用力の補完としてスポンサーを導入する必要がある。

② 債権者からみたメリット

債権者からみると、M&Aによりスポンサーが導入されれば、スポンサーからの融資などにより、債権カット後の債権に対する弁済がより確実になり、その弁済期間も短期間となる可能性が高くなる。

③ スポンサー側の買収理由

倒産企業が負った過大な債務は偶発債務を含め、法的手続きの中でカットされ、財務状態が改善される。収益力のある事業部門を有している企業は債務のカットにより、スポンサーにとって魅力的な企業になる。要は、倒産企業でも大変厳しい道だが、M&Aにより再生可能な道は残されている。魅力的な事業があれば、売れる可能性があることをあきらめてはいけないのである。

6 売却のメリット（社員の雇用はどうなる？）

売却に成約すると、以下のようなメリット・デメリットがある。

●メリット

(1) 社員の雇用が継続される。

M＆Aで会社を売却した場合、よほど特殊な事情のない限り、買う会社にとって人的資源が重要な価値を持っているので、社員の雇用は継続される。なお、これはM＆Aの契約に際し、文書で互いに確認することになっている。

(2) 経営後継者を買い手が担うため、会社（事業）が残るので個客や取引先を継続できる。

(3) M＆Aは第三者が社長になる事業承継なので、後継者問題は解決する。

(4)　ＩＰＯ（株式公開）しなくて多額な手取金が、創業者利益として入る。
(5)　自社株式の評価額が高くても、全額現金で回収されるため、相続税の納税に困ることはない。相続税の納税ができるので、納税対策は終了する。
(6)　Ｍ＆Ａで会社を売却した資金で、事業を第二創業できる（「シリアル・アントレプレナー」）。
(7)　会社清算よりも有利に手取りをとれる。

●デメリット（売却前に検討しておくべきこと）

(1)　売却後、経営方針が変わり、顧客や取引先から取引を打ち切られる。
(2)　売却後、社員に負け組的意識や買い手派遣の経営陣の対応で、中核的な人材が退職してしまう。
(3)　売却後、買い手側との統合作業にエネルギーがとられ、対外的な営業力などが低下する。

以上がメリット・デメリットだが、大事なことは、売り手も買い手と同じく交渉の前から戦略を持ち、買い手が買収後にどのような経営を考え、売り手としてどう協力・協業していくかについて明確な対応を考えておくことである。

7 売り手のインセンティブ

買い手のインセンティブで述べたように、「人は何の報酬で評価され満足するか」という意思決定や行動に影響を与えている要因は売り手にも当然ある。M＆Aでは、売り手の売却理由と合わせて何がインセンティブとなっているのかを買い手側も理解して交渉することが大事である。

(1) 創業者利潤獲得の場合

まずはなるべく多くの利潤をとりたいので、売却価格を高くしたい（**8「売却に対して必要な視点と準備」**）、ということになる。業績が良いときのM＆Aなので売り手優位に価格交渉が進められる。また一代で事業を育てた場合、自分の労力を世間的に認められたい、いい企業評価がほしいとの気持ちも強い。

(2) 事業承継の場合

後継者がいないという状況では、高くは売りたいがそれよりも、社員の雇用、取引先継続などが優先される。この意味では、社会的評価を得たいという気持ちが強い。

(3) 会社（事業）の成長の場合

オーナー社長が会社や社員の将来のために、売却するのであるから、まずは買い手から正当な評価をいただきたい（**8「売却に対して必要な視点と準備」**）というところである。そして社員の待遇・モチベーションアップとなるのか、取引先も歓迎するのか、などというところも重視する。

(4) 事業の選択と集中の場合

不採算事業を売却して、成長事業に集中するために、まずは少しでも高く売りたいと考える。しかし、事業ポートフォリオの入れ替えであるから、あまり時間もかけられず早期に成約したいとの気持ちは強い。不採算部門の社員の処遇についても社会的非難は受けずに対応したいと考える。

(5) 業績の悪化・先行き不安の場合

特に資金繰り問題に火が付いた場合、少しでも早く成約して資金投入してもらわなければ、企業として生存できるかどうかの瀬戸際となる。こうなるともはや多少の悪い条件でも売れるなら良いという気持ちになり、世間体や社員の処遇もあまり気にする余裕はないという状態になる。

因みにM＆Aのプロセスでは、売却に焦りがみられると、足元をみられるばかりでなく、買い手からは何か悪すぎる事情があるのではと勘繰られ、成約はかえって難しくなる。このケースでのオーナー社長の心中は相当苦しい。毎晩買い手の状況をしつこく聞かれるなど、M＆Aアドバイザーも相当なストレスを受ける。買い手を探してからクロージングに至るまで1年近くかかることもあり、追い込まれる前にある程度の余裕・時間を残しての対応を考えておかねばならないのである。

8 売却に対して必要な視点と準備

［図表16］

(1) 売る側の視点	(2) 売られる側（売却対象）の視点
オーナー、株主に納得してもらうため少しでも高い価格で売りたい	自社事業の価値を正しく認めてもらう相手に売りたい

↓ 上記視点で売却対象事業の資料準備

(3) 経営の透明化	(4) 将来戦略の明確化
・過去と将来数値整備（PL、BS、CF、店舗別、商品別の売上データ等） ・※KPI等データ根拠となる詳細数値の用意 ・将来数値算定の根拠の整理	・事業ポテンシャルをアピールする将来戦略 ・実現できていない成長戦略および改善施策およびその実行のための経営資源は何か。

(5) 強みの明確化
・事業の強みの定量的な整理（キー人材や知識、ノウハウ、資格などの定量化） ・類似他社事業の比較情報

↓ さらに

(6) 売り手による自社デューデリジェンス	(7) 想定売却価格（時価純資産＋営業権（のれん））の算定
・買い手の懸念事項や潜在的問題点を売り手側が事前に把握（財務、税務、法務、ビジネスの簡易DDを自ら実施する）	・想定売却価格および最低売却価格（これ以下なら売却中止する）の算定

※KPI（Key Performance Indicators：重要業績評価指標）業績評価のための指標。

少し専門的になってくるが、オーナーが「少しでも高く売りたい」または「自社の価値を買い手に正当に認めてもらいたい」と考えるならば、それをアピールする具体的な右のような準備が必要だ（図表16）。特に**(6)(7)**まで準備が出来ていると、買い手との交渉は格段にしやすくなる。これも少し余裕がある段階で実施しておきたい。

9 買い手候補先に対する開示情報例（インフォメーション・パッケージ）

第1章のM&Aのプロセスで準備フェーズの最終局面で、会社定款・契約書等の必要確証資料とともに買い手側に提示する情報資料例（事業売却）が図表17である。これにはさらに、基本合意書までの交渉フェーズにおいて、企業（事業）実態を把握してもらうために追加で各種定量・定性分析資料を開示していくことになる。譲渡交渉を有利に進めたいと考え

［図表17］

(1) 売却対象事業の概要	・事業の概要（組織や人数構成等） ・売却後の売り手との関係 ・売却に至った経緯 ・市場環境との見通し ・競合との比較（財務面、事業面）
(2) 売却対象事業の対象	・事業の強み（客観的なデータに基づいた強み） ・事業の弱み（課題）及び課題に対する対応策と改善スケジュール
(3) 売却対象事業の将来像	・今後の事業戦略 ・事業戦略を支える施策（各種改善計画/投資計画/合理化計画等）
(4) 事業戦略の実行結果となる財務数値	・財務数値（P/L、B/S、C/F、過去3～5年分、将来計画3～5年分）
(5) 戦略や数値を支えるバックデータ	・将来計画の算出根拠となるバックデータ（例：売上をブレークダウンした製品別の売上や利益、KPI）

るオーナーは早めに資料を揃えておくことが必要である。

10 売却の6つの成功ポイント（どうしたら成功裏に譲渡できるのか？）

(1) 売却の戦略・目的・優先順位を明確にすること

売却するにあたっては、①ハッピーリタイア（創業者利潤獲得・個人保証解除）、②後継者問題等の解決、③シナジーによる業績への効果、④社員・取引先に夢と希望、⑤ポストM&Aでの希望　などの売却する案件ごとに戦略や目的がある。まずは、何のための売却かを明確にし、例えばこの①から⑤の項目などを参考に優先順位もしっかり考えておくことだ。また買い手とは、優先順位で交渉を行い、譲る、譲れないとの線引きを予め持っておきたい。

(2) 背伸びしすぎない交渉スタンスで臨むこと

(1) と関連するが、M&Aでは100%満足ということはほぼない。ある程度譲るというスタンスが必要だ。その意味では希望はもっていいが、あまりに背伸びした条件を持ち出すのも考え物である。M&Aの成功率は、20%という現実を踏まえ、無理しすぎない柔軟な思考でM&Aの交渉に臨みたいものだ。

(3) 売るタイミングと最適な買い手を選ぶこと

いい条件で売るには、やはりタイミングが大事だ。前述したように、業績がキーになるのだが、業績の今後の伸びに自信が持てなくなった時点で一度M&Aでの売却を検討すべきだ。譲渡先は、同業種か異業種または取引先のケースとなるが、いい条件での交渉ためには、いずれにしてもある程度ののりしろ（余裕）が欠かせない。最適な買い手に出会い、適切に譲渡できるかどうかが売り手M&Aの成功の決め手なのである。

(4) M&A関連の最適な専門家を上手に使うこと

M&Aを進めるに当たって、M&Aアドバイザーは、M&Aのすべてにわたって実務的なアドバイスをしてくれる総合プロデューサーともいえる存在である。その意味では第4章で詳述するが、まずは適切なM&Aアドバイザーを選びたい。M&Aのクロージングに至る海路までの指南役として必要なのである。

そしてM&Aの実行には、法務、税務、会計、金融に関連した専門知識、労務・社会保険等の知識、不動産関連・行政関連の知識など、実に多種多様な知識および具体的アドバイスやサポートが必要になる。M&Aアドバイザーは、それらをコーディネートする立場として各種専門家と協力して対応していかねばならない。

①公認会計士・税理士　②弁護士　③中小企業診断士　④司法書士　⑤社会保険労務士　などがいるが、その活用法は後述（第4章）する。M&Aの進行局面で適切な

専門家を上手に使うことは成功の重要ポイントである。

(5) M&Aを見据えた経営戦略を採用すること

M&Aに備えて経営戦略を立てるというのは、必ずしもM&Aを行わなくても必要な準備でもある。企業価値を高めるということは、経営をしている以上当たり前のことだ。そのための業績向上はもちろん、社内体制で触れたように一定の成長を遂げ、ある程度の事業規模を有する企業になったのならば、オーナーの独善性をなるべく排除し、公私のけじめをしっかりし、組織でも稼ぐ体制を構築する、という方向にすべきなのだ。そうしておけば、いざM&Aとなったとき、買い手に魅力ある企業としていい売却が可能となることを肝に銘じておこう。

(6) 主要なステークホルダー（利害関係者）には事前の承認をとっておくこと

M&Aの実施にあたっては、最終契約書調印目前にオーナーをはじめ、取締役会の承認が必要である（因みに大半の中小ベンチャー企業では※閉鎖会社なので売り手の取締役会の承認を得ない敵対的買収の対象となることはない）。そしてこれは売り手・買い手に共通なことでもあるが、主要なステークホルダーには、事前に賛同を取り付けておく必要がある。とりわけ、中小ベンチャー企業では、業績のキーとなる社員や取引先が抜けると、たちまち業績に影響する可能性が高いからだ。

買い手もこの点は最も懸念することであり、売り手としては、あくまで買収後に支障をきたすステークホルダーには反対を受けないよう最大限の配慮が求められる。ただし、「事前に」ということは、M＆A情報が漏えいし、破談リスクも高まるので、経験ある

※閉鎖会社

通常、株式の譲渡制限条項を有する（譲渡する場合は会社の承認が必要と定款に定められている）会社を指す。公開会社の対義語で、単に非上場企業を指すこともあるが、通常、閉鎖会社と呼ぶ場合は、譲渡制限条項を有し、第三者が株主となるのは困難な企業のことをいう。上場していない中小ベンチャー企業は大半が閉鎖会社であり、取締役会の承認を得ずに（敵対）買収されることはない。したがって中小ベンチャー企業のM＆Aではほぼすべてが友好的なものである。

［図表18］ 売り手ステークホルダーの一般的心理

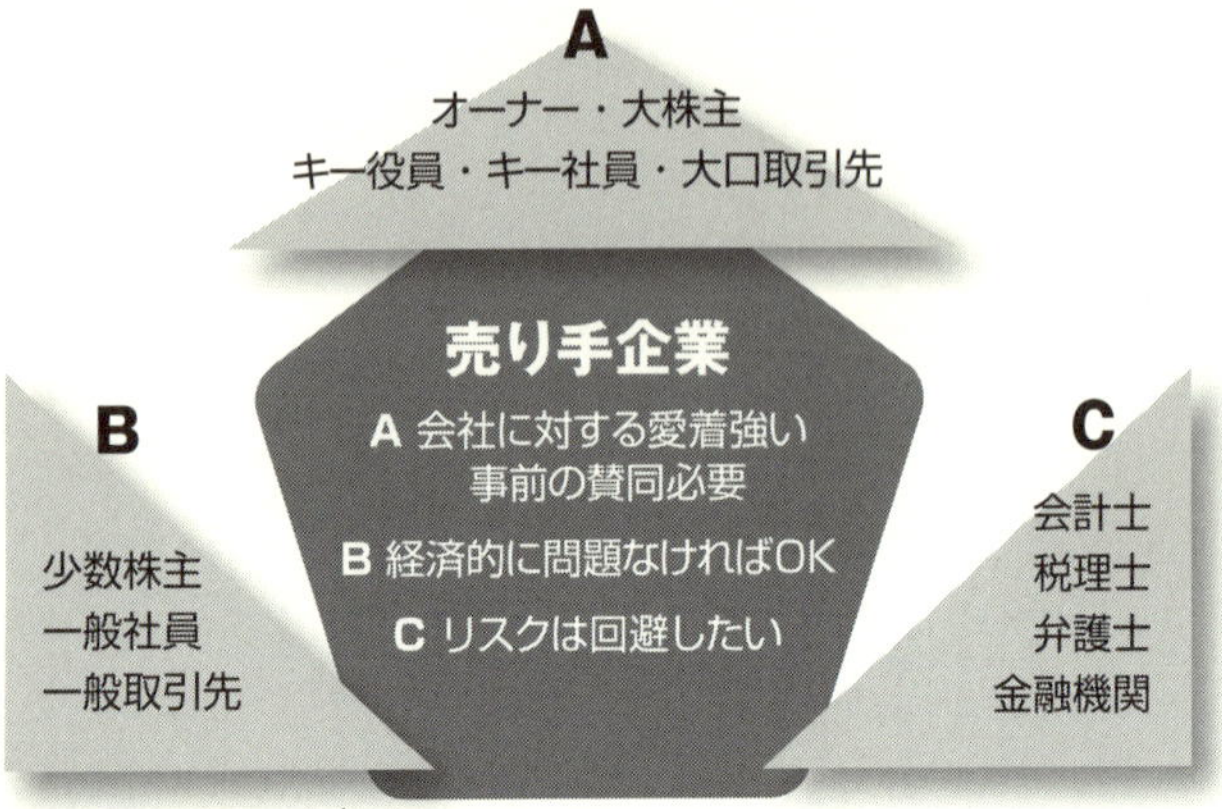

M＆Aアドバイザーのアドバイスを受けながら、慎重に進めなくてはならない。売り手のステークホルダーの心理面もよく理解して対応しておくことが大事だ（図表18）

また、**売り手の顧問税理士**について注意点を述べておく。特に社歴のある会社の税理士はM＆Aを進めるにあたり、早い段階で協力を得ることが必要だ。M＆Aの準備の話がほぼ決定してから打ち明けると、反感を買うケースがある。顧問歴が10年20年を超えるような税理士だと様々な内部情報をもっており、M＆Aの実務での協力は不可欠である。ただ、気をつけなければならないのは、そのような税理士がM＆Aの交渉などについてよくわかっているかというとそうとは言い切れないことだ。むしろ、実はよくわからないのに口を出されると交渉上障害となることさえある。プライドを傷つけずにうまく協力を得る体制を作ることが求められる。

なお、一般社員・一般取引先への告知だが、ディスクローズ期日（大半は最終契約〝後〟だが、状況により〝前〟もある）を予め決めておき、それまでは「秘密を守る」ことが重要だ。不用意な形で情報が漏れると、社員の動揺や経営危機の噂等が生じ、M＆A成立の障害になりかねないからである。関係者の「秘密保持」の共通認識・順守体制は極めて重要な事項なのである。

［参考7］ 投資ファンドによるM&Aについて

投資ファンドの企業買収と聞くと、一般的なイメージは、NHKドラマの『ハゲタカ』などでみたような「企業を食い物にして稼ぎまくる」、という印象が強いのではないだろうか。

ファンドの活動内容は基本的に、①企業の過半数（それ以下もある）の株式を取得⇩②企業の完全支配権を得る⇩③息のかかった経営者を派遣⇩④効率の悪い事業・子会社を切り離す⇩⑤経営資源を本業に集中させるなど「選択と集中」戦略を進める⇩⑥企業価値を上げる⇩⑦株式公開、他社・経営陣などへの株式売却でキャピタルゲインを得る

というものである。そしてそこから浮かぶ懸念といえば、①利益最優先で、買収後経営陣を含む激しいリストラが待っているのではないか　②キャピタルゲイン（譲渡額－取得額）を得るために再売却されるが、譲渡先は高く売れるところが最優先でその後のことは考慮しないのではないかという点があり、これが『ハゲタカ』のイメージに繋がるのである。

しかし、以上は主に上場企業における敵対的戦略M&Aでの話である。中小ベンチャー企業における投資ファンドのM&Aは、基本的に友好的戦略M&Aであり、上記不安は必ずしもあてはまらないといえる。そしてそのメリットは、①ファンドの資金・経営ノウハウが入る　②企業の信用力が高まる　③事業会社によるM&Aに比べて、売り手経営陣がそのまま残るケースが多いという点にある。したがって、右記懸念に対しては、①無理なリストラは行なわない　②再売却時は共同株主や社内キーパーソンと相談して最適な相手を決めるといった対応となるケースも多いので、そういう活動方針であるファンドの買収であれば、初めから拒絶することはないということになる。

現状、中小ベンチャー企業のM&A案件でファンドが買い手となるのは数%に過ぎない。その理由は、①ファンドの資金力から上場企業対象の規模が大きい案件に目が行きがちなこと　②友好的戦略M&Aの場合、買収先（売り手）企業の業績自体の業績は良く、信用の毀損がないこと等条件がある程度絞られること　③通常、ファンドの出口（再売却）

は3~5年であり、時間制限の中、成果があげられるM&A案件が限られていることなどが挙げられる。

また売り手にとっては、事業会社によるM&Aに比べて、会社成長などのシナジー面の効果が直接的でない（ファンドがどこまで成果をあげるのか?）等の懸念があり、ファンドによる買収を単純に受けにくいという面もある。

今後をみると、中小ベンチャー企業M&Aの投資ファンド数は増加していくだろう。その中で、売り手企業としては、上記に述べたファンドの運営・活動方針をしっかり確認した上で、例えば今までのオーナーが出来なかったこと、**①社内各種ルールの制度化・透明化　②社員のモチベーションアップへの取り組み**などに熱心に知恵と汗を出してくれるかどうかが評価（M&Aの受入）のポイントとなる。買い手候補として、事業会社と並び視野に入れておく価値は十分にあるといえるだろう。

PART 4

M&Aアドバイザーを選定したい！

本章で伝えたいこと

M&A成功のカギは、自社の目的に合った適切なM&Aアドバイザーと出会い、採用することから始まる。つまり、健康トラブルの医者、法的トラブルの弁護士の重要性と同じなのである。ベストなM&Aアドバイザーの選定ポイントを伝授する。

※M&Aの専門家としてフィナンシャル・アドバイザー（FA）もよく登場する。FAは財務・金融関連の課題について、アドバイスを行う者のことを指し、M&Aアドバイザーよりも広い概念である。現在では、特にM&Aや起債、IPOなどの局面において企業をサポートする投資銀行や専門コンサルティング会社を指してこのように言うことが多い。本稿ではFAのM&A業務担当者やM&A事業者全般を「M&Aアドバイザー」として呼ぶことにする。

1 M&Aアドバイザーについて

これまでM&Aの当事者である「買い手」「売り手」とみてきたが、ここではM&Aの助言者であるM&Aアドバイザーについて見ていきたい。どういう業務を行う専門家なのだろうか。

まず大切なことは、M&Aアドバイザーは実行する当事者ではないということである。あくまで専門的な知見をもとにアドバイスする「コンサルタント」として当事者の買い手・売り手の実行をお手伝いする役割だ。一切の決定権限は持っていないということをしっかり認識しておきたい。

期待されている大きな業務は以下の通りである。

(1) M&Aに当たっての買い手、売り手の選定（オリジネーション）
(2) M&Aのスキーム等進め方のアドバイス
(3) 相手先との交渉に当たってのアドバイス
(4) 企業価値の算定
(5) 契約等クロージングのアドバイス

そして、留意すべきポイントは以下の通りである。

①M&Aにおいてオリジネーションからクロージングまでの幅広い全面的なアドバイスを行うのがM&Aアドバイザーである。

②M&Aアドバイザーのパターンには、(1) 売り手と買い手の双方から中立的な立場でM&Aを成功させようとする**仲介型**のパターンと、(2) 売り手、買い手のいずれか一方からのみ依頼される**アドバイザー型**の2つのパターンがある。

③上場会社と非上場会社間のM&Aでは、上場会社にはアドバイザーを立てるが、非上

場会社でアドバイザーを立てないケースも多い。なお、最近ではお互いにアドバイザーを立てるパターンが増加傾向にある。

④M&Aアドバイザーの報酬体系の多くは、基本的に成功報酬であるため、何が何でも案件を成立させようという方向に働くことがある。特に買い手側はリスクを負うため、M&Aアドバイザーの選定には十分な検討が必要となる。そのためには信頼のおける、経験豊富なM&Aアドバイザーに依頼することが望まれる。

⑤売り手側は出来るだけ高い価格で売却するという主たる目的が達成されれば、このM&Aは成功と言えるかもしれない。買い手側にとっては安く買うことも重要であるが、それだけでは終わらない。買い手にとって契約の成立はスタートでしかない。買い手側としてのM&Aの成功は、買収後のマネジメントで、いかに高いシナジー効果（リターン）を得られるかにかかっている。効果的なM&Aのためには、**買収後の経営に関するアドバイス**も可能なM&Aアドバイザーを選定する選択肢もあり得る。

⑥また、M&Aアドバイザーは特定業界を専門に手掛けるところは別として、100社

あれば１００業種の仕事をしているわけであるから、経営者は自社の業界に関して持っている問題、大手の動き、関連業界などに関してＭ＆Ａアドバイザーと積極的に意見交換することが大事である。

⑦いずれにしても、外資系や日系、大手から、中堅・中小まで様々なＭ＆Ａアドバイザーがいるので、自分が検討している案件に合ったＭ＆Ａアドバイザーを選択することが重要である。

以上がＭ＆Ａアドバイザーの仕事だが、ところでどうすればなれるのだろう？　まずは、弁護士・公認会計士・税理士などのように、業法で決められた公的資格ではない。いわゆる経営コンサルティングといわれる仕事で、Ｍ＆Ａに関するコンサルタントをＭ＆Ａアドバイザーと呼んでいる。すなわち自ら「Ｍ＆Ａアドバイザー」を名乗ってもＯＫなのである。しかし、公的資格でないため、その仕事と信用はＭ＆Ａアドバイザー一人一人が自ら勝ち得なければならない。実際のその業務は前述したように、多岐にわたる[※1]専

門知識、※2ビジネス知識、※3コミュニケーション能力かつ、経営視点に立った網羅性が求められ、非常にハードな世界である。それ故、その個人差はかなり開きがあるといってよいだろう。

Ｍ＆Ａアドバイザー業界では、以上の知識・能力の違いにより、様々なタイプのアドバイザーがいる。選定基準は後述するが、重要なのは、自分の考えをよく理解し、自分のために全力で対応してくれるのか、そしてこの人なら「相性がよい、信頼できる、相談できる」という気持ちをもてるかどうかである。その意味で、基本的に対立関係にある売り方買い方双方をつなぐ仲介型のその立ち位置は大変難しいところにあるといえるだろう。

こうしてみてくると、Ｍ＆Ａの特に初めての実行には信頼できるＭ＆Ａアドバイザーを当初の段階から利用することが一番効率的で安心だ。もちろん、Ｍ＆Ａに精通するチームを社内に設置し、Ｍ＆Ａ業務の各段階での段取りもきっちり押さえて、手続きをしっかり進めていけば、M&Aアドバイザーは要らない、ということもあるかもしれない。しかし、それをできる中小ベンチャー企業は極めて稀だろう。本業に割く人手も足りないのにM&A専用の人員を配置する余裕はないと思われるからだ。外部の専門家を利用してM&A業務を依頼した方が結局は効率的でコスト面も安上がりになる。社内で専門家を育てるやり方には、M&Aを何件もこなしていくという経営方針があることを前提に設置することを検討すべきだろう。その場合、社内の専門家が順調に育てば、自社ペースでのM&A案件発掘やその適否、業務推進等が行われるので案件の成功率も高まる可能性がある（もちろん、それもチームや担当者の能力次第だが）。

ただ、社内専門家がいたとしても外部のM&Aアドバイザーの利用は欠かせない。M

※1 専門知識
法務・税務・会計等M&A業務に関する一般的網羅的知識
※2 ビジネス知識
様々な業種における商流構造、業界他社動向、業界収益構造、商慣習
※3 コミュニケーション能力
顧客、売り方買い方の相手との交渉、取り扱い案件数、経験数、情報ネットワーク、案件処理熟成度

＆Ａアドバイザーは各者独自の情報ネットワークを持っているので案件情報を入手するルートとして有用な存在だからである。特に優良な案件情報の動きは速い。Ｍ＆Ａを経営戦略に組み入れる場合、Ｍ＆Ａアドバイザーの情報ネットワークは必要不可欠なのである（ただし、後述する様に「ブローカー」と呼ばれる情報屋との付き合い方は要注意）。

このようにＭ＆Ａアドバイザーは、Ｍ＆Ａを成功に導く役割とともにＭ＆Ａ関連での様々な情報ネットワークの役割も担っているので、自社の状況に合わせた活用を是非考えて利用したい。

2 Ｍ＆Ａアドバイザーの役割

M&Aは第1章で述べたようなプロセスを経て進むが、実際に進めようとするとそう簡単にはいかないケースが大半である。前述したように、M&A対象先の選定には広範囲な情報ネットワークが重要であり、具体的な条件の交渉を進める際は当事者同士だけでは合意に至らないことも多いのだ。また、M&Aスキームの策定については、法務や税務、会計の知識が必要で、弁護士や税理士、会計士など専門家の力を借りないと難しい。

さらに、条件交渉（仲介）や全体のスケジュール管理、契約書や検討資料などドキュメント類の作成、財務内容や事業内容の分析、企業価値の評価、その他さまざまなアレンジメント作業など、案件を進めるために必要な作業内容は多岐にわたる。

このような作業は、M&Aに精通している大企業の財務担当者や専門セクションの担当者ならばともかく、中小ベンチャー企業の経営者や財務担当者にとってはとても厄介な問題だ。M&Aアドバイザーは、このような担当者に代わってM&Aの各プロセスにおいて必要な作業を実行し、案件の成立に向けてアレンジをする重要な役割を果たしている。

さらに留意しておきたいのは、M&Aアドバイザーの一般的な専門家やコンサルタントと違う役割として、最終的にはM&Aの相手先を探して紹介するという機能がある。どんなにM&Aに関する業務知識を持っていようと、それは相手先があっての話。通常の専門家は、持ち込まれた相談事を専門的にクライアントにアドバイスし、解決してゆけばよい。すなわち、金銭トラブル・離婚問題、節税・相続問題等法務・税務・会計では交渉相手は通常、既に決まっている。その点、M&Aアドバイザーは「相手を探す」という業務が重要視される。そのためには、前提として「どのような情報ネットワークを持っているのか?」ということが問われるわけである。

また、案件の交渉が煮詰まってくると、売り手買い手双方のクライアントとも無理難題をそれぞれのM&Aアドバイザーにぶつけてくることが多い。これはM&Aアドバイザーならば誰しも経験することだ。時には深夜にオーナーから電話を受けることもある。特に直接相手にいえないことをM&Aアドバイザーならば気にせず言ってくる。信頼できる相談相手となっているからともいえるが、この対応が非常に大変だ。仲介型のM&Aアドバイザーなら、双方から容赦ない言葉を浴びせられることもあり、まるで「サンドバック」状態となるのだ。

しかし、この役割があるからこそ、双方の問題点をM&Aアドバイザーが冷静に受け止め、条件交渉の内容を詰め、成約に向けて作戦を立てることができる。M&Aアドバイザーは交渉のプロとして、相手の本心を探り、双方の条件の落としどころを予測しつつ、的確にアドバイス（あまりにも無理な注文は自制させる）し、無用な感情的な対立を避け、案件成約に向けて上手に進行させていかねばならないのである。

3 M&Aアドバイザーの種類（アドバイザー、仲介者、ブローカーの違いとは？）

M&Aのアドバイザー業務を行う際、アドバイザーの立ち位置には次の2つがある。

1「アドバイザー型」

売り手、または買い手のどちらかの専門的助言者としてサポートを行う。

（採用理由）欧米企業や大規模案件、上場会社などの場合、買収（譲渡）金額や条件面での隔たりが大きいと、株主やステークホルダーにとって交渉の行方は大きな問題となる。この場合、売り手と買い手の立場の「利益相反関係」（一方の利益は他方の不利益）は極めて重要なため、基本的に売り手、買い手ともそれぞれのアドバイザーを立て、それぞれの立場で専門的な見地から助言を受けるのが一般的である。

第1章　第2章　第3章　第4章　第5章

2「仲介型」

売り手、買い手双方の条件を考慮して、当事者同士の交渉のサポートを行い、仲人（なこうど）的な役割を果たす。

（採用理由）中小ベンチャー企業のM＆Aの場合、基本的には売り手と買い手の立場が「利益相反関係」にある点は同じだが、一般的にオーナー（または創業者）の意向が強いため、各々の立場で権利（条件）を主張し続けるより、双方の希望を調整する役割が重要となる。そのため、双方の主張を調整してまとめる役割を担う仲介の立場からのアドバイスのほうがうまく案件をまとめる機能を果たせる。

中小ベンチャー企業のM＆Aでは、交渉をスピーディーに進める必要があるため、一般的には調整に重点を置く「仲介型」のほうが適しているといわれるが、原則的には片方のクライアントの意向を汲んで進める「アドバイザー型」の方がよいと思う（図表19）。

［図表19］ 案件規模から見た分類

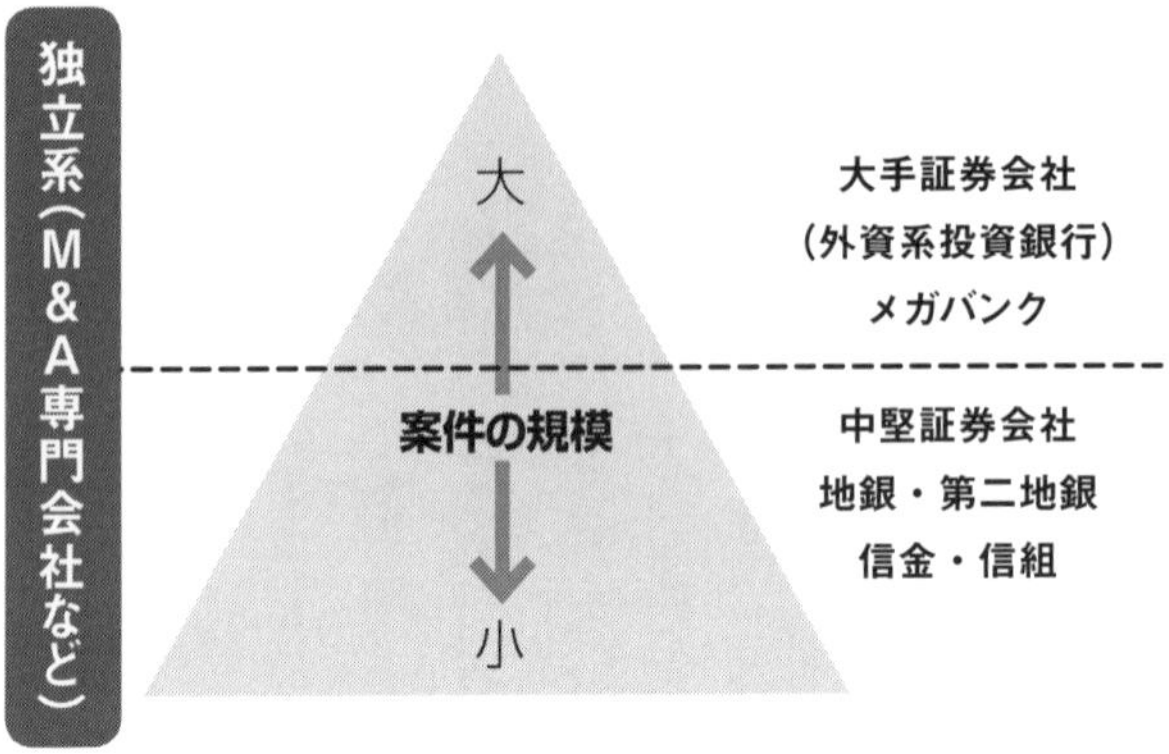

その理由は、M&Aにおける売り手と買い手は、基本的に利害が相反する関係であるということだ。M&Aはよく、結婚に例えられるものの、結婚の仲人ほど呑気な存在ではない。経済的に利害が相反するもの同士の合意点を探るのは大変難度の高い役回りである。依頼人との信頼関係が交渉上不可欠だが、アドバイザーは依頼人の立場で行動するわけなので、例え相手の立場を考慮した意見をいっても不信感を買う恐れは少ないといえる。また双方代理の問題や金商法上の株式売買仲介資格の問題も生じない。したがって、中小ベンチャー企業であっても、①当初から当事者にM&A

をする意向があり、②あまりにも小規模案件、以外は基本的にアドバイザー型で進めることをお勧めする。

M&Aアドバイザーには大別すると次のような会社（機関）がある（図表20）。

［図表20］ M&Aアドバイザーの種類と特徴

M&Aアドバイザー	主な特徴
都市銀行	全国の支店網を活かした情報収集により中小ベンチャー企業から大企業まで幅広く案件を扱っている。同じグループの証券会社ともM&Aを進める場合がある。なお、融資等の取引先に対するM&A支援は利益相反になる可能性があることから近年問題視されているのが現状である。
証券会社	大手証券会社においては、大規模な案件を中心に海外案件を含めたM&A支援を強みとしている。さらに業界別にM&A専門部隊を設けて積極的に取り組んでいる。
地方銀行・信用金庫	その地域の中小ベンチャー企業を中心にM&A支援を行っている。地域が限定されるため、他の地方銀行やM&A専門会社との連携によりM&A支援に取り組む場合が多い。
経営コンサルティング会社	企業経営の戦略立案の観点からM&Aを手段として提案し、M&Aの実行についてはM&A専門会社と協力しながら取り組むケースも多くある。
投資会社	投資業務を中心の事業としながら、投資先の出口を見据えたM&Aの実行などに取り組む場合も近年多い。
税理士（法人）	顧問先企業の売却・買収意向を踏まえて、M&A支援を行う場合がある。扱う規模は中小ベンチャー企業が中心である。地域や労力が限られるため、相手先を探す場合はM&A専門会社との連携により取り組むことが多い。
M&A専門会社	中小ベンチャー企業を対象としたM&Aを中心に扱う会社が多い。全業種を扱うM&A支援会社が多く、中には規模や業種に特化して扱うM&A支援会社もある。

1 証券会社

大手証券会社は主として上場企業やクロスボーダー（海外案件）を手がけ、中小証券会社は未上場で比較的小型の案件も手がけている。

ただし、グループ内の会社や重要取引先と優先的に交渉させるケースがある。

2 銀行

いわゆるメガバンクは大型案件を中心に取り扱っているが、地銀や第二地銀、信用金庫などは地域に密着した中小ベンチャー企業を対象とした案件も取り扱っている。融資先からの相談を受けるケースが多いようだ。

ただし、グループ内の会社や重要取引先と優先的に交渉させるケースがある。

3 独立系

金融機関でM&Aを行ってきた実務者が独立するケースが多く、大型案件を中心に取り扱う会社から少人数で運営されている個人事業者まで会社（組織）自体の規模が大小さまざまである。それ故、独立系のM&Aアドバイザーや会計事務所などは、大型案件

［図表21］一般的M＆Aアドバイザーの見つけ方

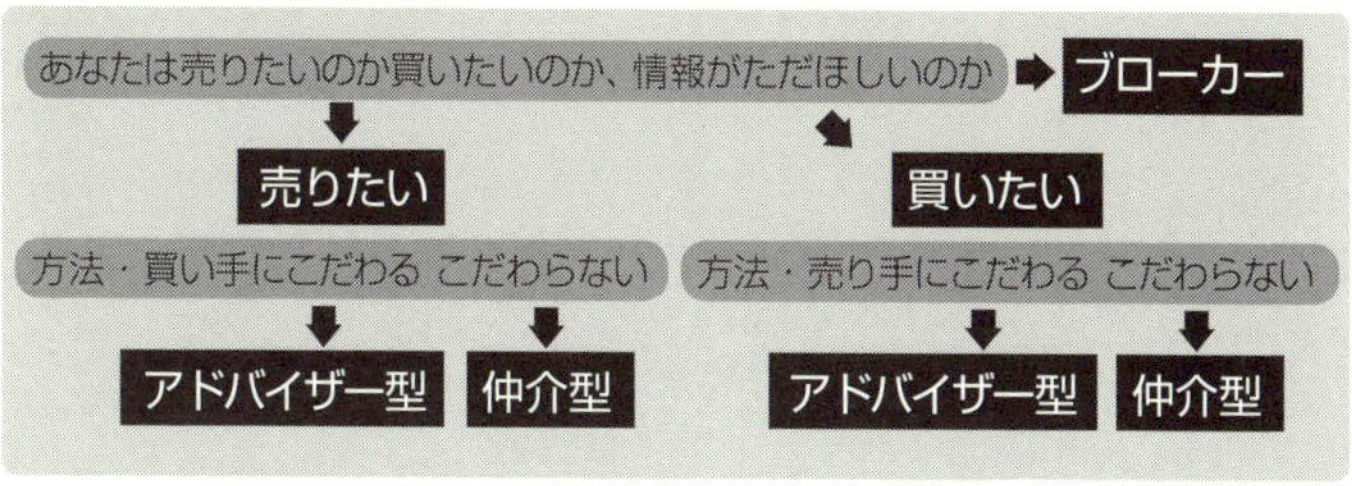

［図表22］M＆Aアドバイザーの種類とメリット・デメリット

種類	アドバイザー型	仲介型	ブローカー
想定されるクライアントの前提	じっくりこちらの側に立って取り組んでほしい。	なるべく早期にまとめてほしい。	とりあえず情報を集めたい。
メリット	片方の利害に則ってアドバイス・行動するので信用を得やすい。 M&A以外のファイナンシャルアドバイザーとしての役割もあるので経営の大所高所からアドバイス可能。	双方の主張を調整してまとめやすく案件が成約しやすいことも。	とにかく取り扱い情報が多い。
デメリット	各々の立場で権利（条件）を主張しがちで案件がまとまりにくいこいことも。	利害対立が基本の中で、契約作成等における双方代理の問題や金商法上の株式売買仲介資格の問題懸念あり。 完全成功報酬では、とにかく成約させることが最優先になりがち。	案件内容の真偽は不明のことも。既に案件自体がなくなっていても取り扱っていることがある。

のみしか扱わないアドバイザーや、中小規模を中心にしているアドバイザーなど多岐にわたる。

4 監査法人、会計事務所など

デューデリジェンスや企業価値評価、契約書の作成などの業務を中心にアドバイザー業務を行っているケースもある。上記のほかには、商工会議所や中小ベンチャー企業基盤整備機構などで相談窓口を設けている（アドバイザー業務は行わない）。

以上のようにM＆Aアドバイザーにはそれぞれ特徴があり、受託案件の制限を設けるケースもあるため、特に中小ベンチャー企業のM＆Aについては、自社の事業規模・企業規模から適切なアドバイザーを選択すること大事だ。最適なM＆Aアドバイザーを選択できるか?それがM＆A成功の秘訣の第一歩となるのだ。図表21のフローチャートで各自チェックしてみよう。

注意点をあげよう。提案にきたM＆Aアドバイザーは「顧客から直接アドバイザリー契約」を受託しているのか、「他のアドバイザーが受託したもの」を情報として持ち歩いている（ブローカー）のかを確認することである。案件なのか情報なのかをしっかり把握しよう。単なる情報だと顧客の売りたい・買いたい、の本気度や存在性に大きな穴がある可能性が高いのでせっかく時間と労力をかけて検討しても成約率はかなり低いと言わざるを得ないのである（図表21）。

また、M&Aアドバイザーのメリット・デメリットは図表22の通りである。よく目を通していただきたい。

4　M&Aアドバイザーの契約と報酬体系・インセンティブ（報酬のタイプを学ぼう）

さてM&Aアドバイザーを利用しようという場合、どの時点からおおよそいくらかかるか、についてみてみよう。例えば弁護士の場合は、タイムチャージ方式で相談時間当たりいくらという報酬体系である。M&Aアドバイザーの場合は、通常は「ノンネーム情報（企業概要書）」の提供レベル及び簡単な相談など初期段階では無料である。そして、クライアントがこのM&Aアドバイザーを選定して具体的に進めようと決めたら、「アドバイザリー契約書」を締結する形となる。

「アドバイザリー契約書」の締結のタイミングは、業者や案件によって異なるが、一般的には案件の具体的情報（対象会社名、財務、社内資料等）の開示時点やクライアントとM&Aアドバイザーとのトップミーティングなどで決定する。

M&Aアドバイザーの大半が「**レーマン方式**」（図表23）による成約報酬体系を採用している。現在のトレンドとしては、完全成功報酬型のサービスが主流となるが、事業者によっては着手金や中間金を設定するケース（2段階、3段階方式）、リテイナー契約や顧問契約を設定するケース（詳細は後述）もある。また、ほとんどの事業者が最低報酬金額（500〜2000万円）を設定している。

［図表23］レーマン方式による成功報酬計算（譲渡価格基準）
注）以下の金額基準は、業者に寄ってまちまちであるので、必ず契約前に確認すること

全体取引	手数料率
(1) 100億円超の部分	1%
(2) 50億〜100億円の部分	2%
(3) 10億〜50億円の部分	3%
(4) 5億〜10億円の部分	4%
(5) 5億円以下の部分	5%

計算例

（例）取引価額が20億円の場合

(1)＝N／A

(2)＝N／A

(3)＝(20億円－10億円)×3％＝30百万円

(4)＝(10億円－5億円)×4％＝20百万円

(5)＝(5億円)×5％＝25百万円

手数料＝**(1)**＋**(2)**＋**(3)**＋**(4)**＋**(5)**＝75百万円

M＆Aアドバイザーの報酬額が問題（話が違う！など）となり、案件途中で破談するケースも実は結構多い。交渉開始後は多大な「工数」と「精神的負担」を伴い、交渉開始後の破談は双方にとって「百害あって一利なし」となる。事業者の料金体系等を、事前にしっかり確認することが大事だ。

以下、「着手金」と「成功報酬」中心に各報酬タイプの説明をする（図表24）。

(1) 着手金　「アドバイザリー契約書」締結時に支払う報酬。「調査費」名目の名称を使うこともある。性格としては、案件調査、分析・アレンジ費用等の作業費に近い。作業に対する報酬のため、仮にM＆Aが失敗した場合でも返還されない。M＆Aがスタートすると、M＆Aアドバイザーには、すぐ**①資料収集・詳細分析　②説明資料作成　③企業事業価値の分析　④業界・関連企業・競合企業等の調査　⑤スキーム策定・進捗管理**　等様々な業務が発生する。これら初期段階の作業は、当然膨大な労力と時間を費やすことになる。M＆Aが成約しないということで報酬がまったくないということになれば、まさに無駄働きである。そこで、無駄働きを無くす、というヘッジのために「着手金」をとるわけである。ただ、業者によっては初めから着手金狙いというところもあるので注意が必要だ。

一方、完全成功報酬型として、着手金・中間金を一切とらないことを謳う業者も多い。こちらは逆に無駄働きにしないために、何が何でも成約させるという金銭的インセンティブが働く。しかし、成約したものの、契約内容の詰めが甘く、その結果トラブルが生じるというケースもよくある。M＆Aアドバイザー選定の際は、まずはこの着手金についてのスタンスにつき、その意図をきちんと確認しておこう。

(2) 成功報酬　M＆Aが成功した場合に支払う報酬。この場合の成功とは、売り手と買い手の譲渡契約書の締結時ではなく、実際譲渡が実行されて対価が支払われたことを指す。この成功報酬額の決め方として、M＆Aアドバイザーの世界で一般的に利用されているのが「レーマン方式」とよばれる算定方法（図表23）である。これは譲渡金額（総資産額を使う業者もある）に一定の料率をかけて算定するものだ。

［図表24］ アドバイザー型の報酬別インセンティブ
（依頼者クライアントとの利益相反）

報酬の種類	M&Aアドバイザー・インセンティブ	留意点
着手金	［有り］ 契約すればもらえるので、M&A成約確率に関係なく、とりあえず契約締結を求めがち。 ［無し］ ムダ働きを回避するため、M&A成約確率が高いと判断される案件を優先して契約。	有る、無しの理由をしっかり聞いておく。
リテーナーフィー（毎月の一定報酬）	［有り］ 候補先一社ずつ時間をかける ［無し］ 候補先複数アプローチ、時間はかけない	有る場合は、支払う対価に見合っている内容かどうか。
リテーナーフィー（作業時間に応じた報酬）	［有り］ 必ずしも必要と思われない資料まで作成 ［無し］ 余計な資料はなるべく作らない	同上
中間金（基本合意書締結時報酬）	［有り］ 基本合意を急ぐ ［無し］ 状況に対応	基本合意後の決裂も多い。返還有無確認。
成功報酬（最終契約締結時報酬）	［100%］ 最終契約締結しなければ、報酬はゼロなのでムリにでもまとめたい。 ［それ以外］ 報酬が一番多いのでなるべく締結させたい。	買い手アドバイザーの場合、買収価格が高いと報酬も高くなるので、想定買収価格の設定が必要。

(3) 中間金（中間報酬） 売り手と買い手の「基本合意書」締結時点で、見込み成功報酬額の10〜20％程度を前払いで支払うもの。成功報酬の分割払い的意味合いだが、M&Aがその後成約しなかった場合の取り扱いについては、返還されるのか、されないのか、これも確認が必要である。やや合理性の薄い報酬である。

(4) リテイナーフィー 「アドバイザリー契約書」期間中の毎月固定額の顧問料報酬。これも作業費の性格に近い。クライアントのために、M&A業務を請け負うわけであるから、報酬の合理性はある。

(5) 成功報酬の最低保証金額 見込み譲渡金額が小さいといえども、その分M&Aアドバイザーの作業が減るということは実はあまりない。むしろ、中小ベンチャー企業での案件の方がオーナーの要求度が強く、その分難易度が上がり、当事者間の条件交渉・作業には極めて手間がかかることも多い。

例えば、無理難題をぶつけてくるオーナーの希望を聞き、数か月かけてどうにか成約に漕ぎ着けて、譲渡金額が100万円だったとしよう。さきほどのレーマン方式だと成功報酬は100万円×5%で5万円となってしまう。そこで、最低でも作業人件費見合いで「アドバイザリー契約書」には「最低報酬は＊＊＊金額です」との明記がある。この金額も業者により、(500~2000万円)と幅があるので確認しておこう。

5 M&Aの成約率と成功率

M&Aアドバイザーの取り扱い件数中、M&Aの成約までいたる確率とはどのぐらいなのだろう。またさらに成約した案件でクライアントにとって成功したといえる確率とはどんなものだろう。まず成約率からみてみよう。

成約率については、買い手アドバイザーか売り手アドバイザーかでその確率事情は違う。買い手アドバイザーの場合だが、特に「仕掛け型」（このような会社のM&Aをしたいという積極型）買い手クライアントから買いたい会社の要望を受けてもすぐ合致する会社はないのが通常だ。そして売る気を打診するため、事業資本提携から話をもっていっても話を聞いてくれるのは、20～30社に1社あるかどうかである。その1社でさえ、話を進めてやっと譲渡を検討する段階となっても、条件が良ければ、すなわち譲渡価額が高ければ、ということを持ち出され、今度は買い手側がそれではダメだとなってしまうのだ。結局成約率は2～5％程度とかなり低いとみていいと思う。また、1件1件やるので時間もかかる。

一方、売り手アドバイザーの場合だが、すでにある譲渡案件（決算資料・内部資料等入手済みで企業評価も行っている）を買い手に検討してもらうので成約率は高くかつスピーディーである。もちろん、業者の情報力・営業力で差が出てくるものの、30〜10％程度の成約率に至る感じである。もっとも、会社売却相談ベースからの成約率は相談から案件化するまでかなり絞られることから、やはり結果2〜5％程度になってしまう。不動産業界の物件仲介では「千三つ」（1000件の案件で成約は3件：0.3％）といわれるが、M＆Aも成約までにはかなりハードなビジネスだということなのである。

［図表25］未上場M＆Aの利害関係者別成功尺度

	買い手企業	売り手企業
株主（オーナー）	買収目的を達成できたか	納得のいく内容か？
経営者	同上	譲渡後の待遇は？
社員	労働環境・雇用・収入・やりがい等で向上されたか？	労働環境・雇用・収入・やりがい等で満足できたか？
取引先	取引の拡大は？	取引の継続は？
金融機関	同上	同上

次にそのハードな成約を達成したあとの、買収企業における成功率はいかがなものだろう。一般的には30〜50％程度といわれているが、まずは、成功とは何をもって、また誰にとって成功というのだろうか。買い手が上

場企業ならば、M&A後の株価の動きを一つの評価としてみることは出来るかもしれない。しかし、未上場企業の場合はその評価は使えない。買い手企業のM&Aは、その動機たるや企業ごとに様々なものがある。第2章で触れたような買収理由は複数からむことがあり、あくまで成功の可否は、買い手企業ごとの買収目的が達成され、アフターM&A（PMI＝Post Merger Integration）で最終的にはマネジメントシステムの統合や企業風土・理念がしっかり出来たかが、ポイントとなる。

一方、売り手企業にとっての成功とは何だろうか。売り手は買ってほしい相手が現れたから売ったのであり、その意味では納得・合意のうえでの行為なので、売却出来た時点で成功といえる。しかし、それはオーナーや株主サイドからの話であり、社員や取引先にとって良かったのかどうかはまた違う話である。もちろん、M&Aの決定はオーナーや株主がするものである。しかし、会社というのは社会の公器であり、株主、役員、社員、その家族、取引先、金融機関などで作り上げてきたものである。それだけに株主だけ成功したというM&Aはいかがなものだろう。あくまで売り手企業は利害関係者のバランスのとれたM＆Aを目指すこと（もちろん全部がハッピーになるのは困難にしても）が、本当の成功と呼べるように思う（図表25）。

6 M＆Aアドバイザーの選び方・どうやって探すか？（大手か肩書きを過信しない）

前述の通り、M＆Aアドバイザーには証券会社、銀行、会計事務所、独立系業者など様々なタイプがある。大企業から個人事業まで数でいったらその実数は計測できないほどである。インターネットで検索してみると、数えきれないほどの会社名が出てくる。しかし、会社のサイトをみただけでは実際どんな特徴があるのかの判別は難しい。検索結果上位に目が行きがちだが、これはそうなるように工夫しているのであって、上位イコール良いとは言い切れない。また大手が一見安心できそうにみえるが、案件情報が多い、組織で動くなど確かに良い面のように思えるが、中小ベンチャー企業の案件についてM&Aアドバイザーは結局個人としての能力や信頼度によるところが大きく、大手や弁護士などの肩書きで頼んだところで最適かつ優秀なM&Aアドバイザーがつくとは限らないのだ。M&Aアドバイザー選定には、その資格や肩書きにとらわれず、その実績や人脈、そして自社のためにどう貢献してもらえるのかなど具体的な提案を聞いてしっかり見極めたいものである。

また以下のような各種団体が認定するM&A資格が存在する（ただし、前述したように公的資格ではない）ため、そうした資格の状況の確認も参考にはなる。

①M&Aスペシャリスト（認定団体（公社）全日本能率連盟、（一社）経営管理協会）
②M&Aプロフェッショナル（認定団体（一社）グローバルマネージメントアカデミー）
③M&Aアドバイザー（認定団体（一財）日本M&Aアドバイザー協会）

なお、信頼できる人からの紹介もいいが、これも判断は難しい。自社にとってもいいかどうかは別の可能性があるからだ。やはり最終判断は電話・メール・面談等で決めたい。その意味ではまずは大手、中小、独立系などから複数並行して比較検討しよう。案件進行にあたっては連絡がつきやすい業者も選定ポイントになるので応対状況もよくみておきたい。

M&Aアドバイザーの選び方

何度もいっているように、会社の売却、買収や合併等のM&Aを成功させるには、自社のニーズに合った適切なM&Aアドバイザーを選ぶことが極めて重要だ。もし間違ってニーズに合わないM&Aアドバイザーに依頼してしまうと、時間を浪費したり、本来必要のない余計な（莫大な）費用がかかったりして、取り返しのつかないことになりかねない。

そのようなことがなるべく無くなるよう、次は以下5つのポイントについて、M&Aアドバイザーの見分け方をご説明しよう。

●注意点1　仲介型かアドバイザー型かによる見分け方

これは案件にもよるが、業者の基本スタンスとしてどちらを志向しているかをまずはよく見極めることが大事である。

●注意点2　取り扱う案件の規模による見分け方

図表26のようにM&Aアドバイザーにより、取り扱うM&A対象会社の譲渡（買収）価格の規模が異なるので、案件規模が合うM&A仲介会社に依頼する必要がある。

案件規模により、M&Aアドバイザーに必要とされる能力が変わってくるし、営業スタイルも違ったものになり、M&Aの成否に影響するので、どれくらいの規模の案件を扱っ

［図表26］

取扱規模の相関表	A社	B社	C社
数百万円〜1億円	○	—	—
1億円〜数十億円	—	○	—
数十億円〜	—	—	○

ているか各社のホームページで確認するか、あるいは直接各社に問い合わせることを勧めたい。取り扱う案件の規模以外でも、以下で説明する「強み」や「報酬体系」「アプローチ」も各社で相当異なるので、十分注意が必要だ。

●注意点3　強みによる見分け方

［図表27］

取扱規模の相関表	A社	B社	C社
専門性	―	―	○
営業力	○	○	―
業種特化	○	―	―

M＆Aアドバイザーは、大きく分類すると、専門性が高い会社と、営業力が強い会社に分かれる。それ以外には、店舗やウェブサイト等に特化したM＆Aアドバイザーもある。

M＆Aを成立させるには会計、財務、税務、法律などの専門知識が要求されるが、そういった専門性がないM＆Aアドバイザーに依頼してしまうとM＆A成立後に思わぬリスク（損害賠償や簿外債務など）を抱えてしまうことになる。

また、M＆Aアドバイザーとして専門性があればそれで十分

［図表28］

		A社	B社	C社
(1) 着手金	とる	—	○	○
(1) 着手金	とらない	○	—	—
(2) リテイナーFee/中間金	とる	—	—	○
(2) リテイナーFee/中間金	とらない	○	○	—
(3) 成功報酬	移動総資産ベース	—	○	○
(3) 成功報酬	譲渡（買収）価格ベース	○	—	—

ということはなく、ベストなM&Aの相手方の企業を探してくる営業力やネットワークがなければ、対価やその他の条件面が悪いM&Aにならざるを得ない。

なかなか外部から専門性や営業力を評価するのは難しいものの、経営陣の経歴や実際に面談した際のアドバイザーの質問の受け答え等からある程度判断は可能だ。

●注意点4　報酬体系による見分け方

M&Aアドバイザーのホームページを見てみると、各社同じような報酬体系を用いているように見えるが、実際には各社の報酬体系は相当異なり、最終的に支払わなければならない報酬総額に大きな違いがある。事前に各社ホームページや問い合わせで必ず確認しよう。

報酬タイプの説明は前述したが、重要なので再度説明する。

(1) 着手金

着手金をとる会社ととらない会社がある。着手金は通常100万円程度で、一旦依頼するとM&Aが成功しなかったとしても着手金は戻ってこないので、着手金を払って契約する場合は、慎重な判断が必要だ。

(2) リテイナーフィー/中間金

リテイナーフィーは、契約期間中に毎月支払う報酬（毎月一定額あるいは時間あたりで請求される報酬）である。中間金とは、例えば、M&Aの相手方と基本合意契約を締結した時に支払う報酬である。リテイナーフィー及び中間金は、とる会社ととらない会社がある。

(3) 成功報酬

ほとんどの会社がレーマン方式と呼ばれる、取引金額に一定の料率を掛けて算出する成功報酬体系を採用している。取引金額による料率（図表29）は各社ほとんど同じだが、取引金額の定義が移動総資産の場合と譲渡（買収）価格の場合があり、この違いによって成功報酬額に大きな差が出てくるので注意だ。

例えば、総資産50億円、負債40億円、純資産10億円、損益とんとんの売却対象の会社があったとする。利益が出ていないのでプレミアムがつかずに、純資産ベースで譲渡価格が決まり、株式100％の譲渡価格が10億円になったとして、このM&A案件の成功報酬を、移動総資産ベースおよび譲渡(買収)価格ベースのそれぞれで計算すると次のようになる（単純化のために消費税は無視する）。

［図表29］取引金額による料率

取引金額	%
5億円以下の部分	5.0
5億円超〜10億円以下の部分	4.0
10億円超〜50億円以下の部分	3.0
50億円超〜100億円以下の部分	2.0
100億円超の部分	1.0

第1章
第2章
第3章
第4章
第5章

●移動総資産ベースでの成功報酬の計算　総資産が50億円なので、5億円以下の部分は5％、5億円超～10億円以下の部分は4％、10億円超～50億円以下の部分は3％として計算すると、成功報酬額は1億6500万円になる。

5億円×5％＋5億円×4％＋40億円×3％＝1.65億円

●譲渡（買収）価格ベースでの成功報酬の計算　株式100％の譲渡価格が10億円なので、5億円以下の部分は5％、5億円超～10億円以下の部分は4％として計算すると、成功報酬額は4500万円になる。

5億円×5％＋5億円×4％＝4500万円

右記のように、取引金額のベースの違いにより、支払うべき成功報酬額に大きな差が出てくる。

この例のように10億円の価値がついた場合はまだいいが、総資産が大きくても純資産がほとんどなく、利益も出ていない場合、株式価値がほとんどつかないこともある。そのような場合、売り手は譲渡金額がほとんど得られないにも関わらず、莫大な成功報酬を払う必要があり、結局成功報酬支払い後の手取り金額はマイナスになるということもあるので注意が必要である。ただし、稀に、資産が非常に少なくても大きな株式価値がつく場合があり、その場合は、譲渡（買収）価格ベースの成功報酬の方が高くなることがあるが、ほとんどの場合、移動総資産ベースの方が譲渡（買収）価格ベースより成功報酬が高くなる。

また各社一般には成功報酬の最低金額を定めており、各社の最低報酬額は５００万円程度から数千万円と幅がある。

●注意点5　アプローチ方法による見分け方

M&Aアドバイザーの見極め方、最後の5番目は、M&Aの相手方へ打診するアプローチの仕方だ。それは売り手M＆Aアドバイザーにおいて、一社ずつアプローチするのか、複数同時並行してアプローチするのか、である。仲介型の場合は、買い手からも報酬をとるが、着手金をとる業者ならば、同時に複数にアプローチすると着手金狙いとの批判を受けること、買い手も着手金支払いの代償として独占交渉権を主張すること、から一社ずつという行動になり、当然時間はかかる。結果、複数で進められない分、手間をかけず最初の相手で案件成約させようという金銭的インセンティブが働きやすい。

また独立系以外の大手金融機関や会社グループの場合、グループ内や取引先に優先的に交渉させていくケースもあるので注意が必要だ。以上のように打診アプローチによっては売り手の意図に合わない形もあるので事前に確認しておこう。

7 M&Aアドバイザーの活用方法（企業参謀として）

社長とは孤独な存在である。特にオーナー企業の場合の孤独感はその立場でないとわからないだろう。その孤独感は、経営の重要判断に関して相談できる人がいなかったり、トラブル案件や資金繰りなど企業の命運がかかる局面では、相談できる人は限られてくることで訪れる。そのようなときのストレスは相当なものとなるが、相談の助言や的確なアドバイスをくれる人がいれば、少しでもストレスを和らげるだろう。

Ｍ＆Ａアドバイザーは、そのような時企業参謀として、経営者の判断を助ける役目を担うべきだ。Ｍ＆Ａの仕事を通じて培った様々な業種、業界ビジネス情報や経営者に接していること、経営視点からの法務・税務・会計の知識を持っていることなどから経営のコンサルティングも期待される。

そういう意味では、M&Aアドバイザーは単にM&Aに関する業務のみならず、経営戦略上のコンサルティングも求められる。ピンチにたった会社の立て直しや資金調達に関する悩みに対して、ファンドや投資家、スポンサーの紹介など頼もしい相談相手として活用すべきだし、それが可能なM&Aアドバイザーを選ぶべきなのである。M&Aアドバイザーは、ファイナンシャルアドバイザーであるべきとの理由はここにある。

8　ベストのM&Aアドバイザーを選ぼう!

(1) M&Aを成功させるために

これまでM&Aの過程においてアドバイザーがどのような役割を果たすのかについて、

［図表30］

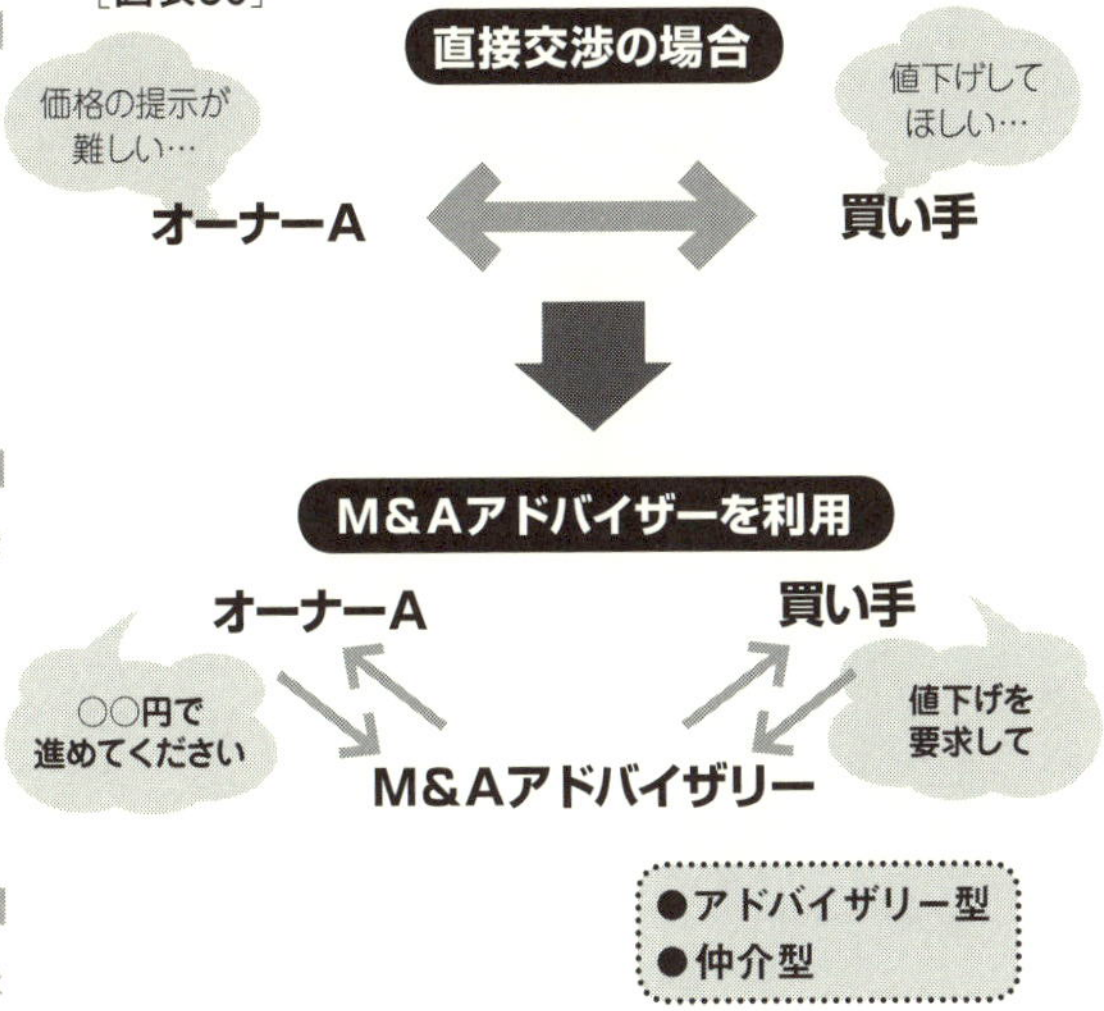
直接交渉の場合
価格の提示が
難しい…
オーナーA
値下げして
ほしい…
買い手
M&Aアドバイザーを利用
オーナーA
買い手
○○円で
進めてください
値下げを
要求して
M&Aアドバイザリー
●アドバイザリー型
●仲介型

そしてその選定の重要性につき説明した。

しかし、売り手・買い手ともに事業的なシナジーが見出せるようなケースでも、譲渡価格や従業員、現経営陣の処遇、譲渡比率などさまざまな条件交渉で折り合いがつかずブレーク（失敗）するケースも多々見受けられる。

交渉が不調に終わって結果的にブレークしてしまうと、売り手・買い手双方とも、それまで費やしてきた時間や労力、更に調査費用など、経済的な損失を残す結果となるだけでなく、特に売り手にとっての精神的ダメージはより大きく、なかには再度事業を続けるモチベーションを

失ってしまう経営者もいるほどだ。

以上のように、中小ベンチャー企業がM＆Aを進める際には、ブレークによるダメージを回避するよう、事前の検討をしっかり行い、オーナーの気持ちに充分留意する必要がある。この点から、大手企業同士のM＆Aが合理的な判断による「資本取引」に重点を置くのに対し、**中小ベンチャー企業同士のM＆Aは精神面を重視した「気持ちのやり取り」に重点を置いたほうがよい**といえる。

中小ベンチャー企業のM＆Aにおいては、こういったソフト面のサポートが重要なため、売り手と買い手の双方の気持ちを橋渡しするM＆Aアドバイザーを利用することはM＆A成功の有効な一助となることを再度強調しておきたい（図表30）。

(2) ポストM＆Aの重要性

ところで、M＆Aアドバイザーを活用してM＆Aを上手に成功させた場合でも、買収後に実質的な買収・合併効果を得られず、結果的にM＆A自体が失敗してしまうケースも多々ある。M&Aを行った企業のその後はどうなっているか、アドバイザーの実績ヒアリングの際、確認することも重要だ。

「なぜM&Aを行うか」ではなく、**「会社としてなすべきことは何なのか」というところからスタート**すべきである。「案件があるから」でなく、プロジェクトを自社で行うのか、M&Aでやるのか、それとも代替案があるのか、プランニングの段階でしっかり考える。

M&Aアドバイザーには、そのプランニングにきちんとコミットしてもらうために、成功報酬だけでなく、継続的な財務戦略コンサルを依頼することも必要だ。成功報酬だけだと、「とにかく成約させればよい」「より報酬が高い方に案件を持っていく」ことなど業者都合で決められる可能性がある。したがって、M&Aという答えを出す前に、財務戦略策定及びコンサルを受け、その結果として「M&A」という答えを出せる機関に依頼すべきであろう。

それが真のファイナンシャルアドバイザーの役割である。

(3) 本章の締めくくり

最後の締めくくりとして、筆者が考えるベストなM&Aアドバイザーの条件は次の4つである。

①情報取集力（ネットワーク・分析力）
②専門性（会計・税務・法務・契約書等文書作成力）
③コミュニケーション能力（人間性・交渉力・判断力）
④業務管理能力（秘密保持・リスク洗い出し）

右記の条件をすべてみたすM&Aアドバイザーは容易にはいないが、依頼者としてはなるべく心がけて是非自社のベストなアドバイザーを選定してほしい。将来がかかっているのだから。

［参考8］ M&Aの専門家について

(1) 公認会計士・税理士

Ｍ＆Ａで重要な専門家といえば、まずは公認会計士・税理士である。Ｍ＆Ａの初期では、早急に売り手企業の企業価値評価や財務状況の分析・掌握する必要がある。売り手においては、買い手との譲渡価格交渉において、売却希望価格の根拠を押さえておく必要があるので、簡易な財務（会計）デューデリジェンス（ＤＤ）を依頼することもある。そして中盤には買い手側から売り手会社の企業価値評価・財務内容分析、終盤には財務ＤＤを行うなど、公認会計士・税理士は、売り手・買い手双方において財務・会計面で網羅的に関わってくる。因みに税金に関わるアドバイスや税務書類の作成等業務は税理士の独占業務なので、Ｍ＆Ａアドバイザーは業務として行えないので注意しておきたい。

また第3章のステークホルダーの項で特に古参の顧問税理士との協力体制がＭ＆Ａをスムーズに進めるポイントであると述べたが、中小ベンチャー企業の場合、経理資料や財務関連の手続きすべてを顧問税理士に一任しているケースも多い。情報漏えい上、社員である経理担当者に財務資料の準備・提出を依頼できかねる場合は、代わりに社長自らか顧問税理士にお願いすることになる。そのためにも協力体制が不可欠なのである。

ただし、気をつけたいのは前述したように、実際多数の税理士は記帳業務や税務申告を主たる業務としており、M＆Aに精通・経験している税理士はあまりいないことだ。したがって、M＆Aで必要とする（M＆Aアドバイザーを業務とする）公認会計士・税理士は、外部に依頼せざるを得ない場合もある。この際、顧問との関係を上手に仕切ることが必要となってくる。

(2) 弁護士

報酬を得て契約書作成など法律事務を行うのは**弁護士**の専管業務である。M＆Aに関連する契約書関係の作成は実行当事者（売り手・買い手会社やオーナー）か弁護士に依頼する。実務的には、過去の事例で使用した契約書を雛形としてその内容を案件に合わせて修正することも多いが、その場合でも法的な齟齬がないかどうかなど最終的には弁護士にお願いするのが一般的である。

また、事業再生型M&Aや複雑なスキームを要するM&Aの実行には、法律の専門的な処理を必要とするので、この分野で精通している弁護士（法廷弁護士ではなく、いわゆる**ビジネスローヤー**）は必要不可欠である。

さらに、ビジネスローヤーといっても、その専門分野は多方面に亘っており、よくその得意分野を確認しておく必要がある。M&Aでは、企業法務・労務関連・法務DDを依頼することがメインとなるが、報酬や相性等を見定めて依頼するようにしたい。

ビジネス感覚がわかって信頼できるビジネスローヤーとの出会いはM&A成功のカギになるといえる。

(3) 中小企業診断士・司法書士・社会保険労務士

中小企業診断士は、中小ベンチャー企業経営全般のスペシャリストであり、各地域の商工会議所などで経営相談に乗っている。個人差は大きいが、M&Aに詳しい専門家もおり、信頼できそうな方がいれば、相談するのもいいだろう。

登記や不動産関連の手続きに精通している**司法書士**は、特に不動産M&A(不動産保有の会社を不動産取得目的で行うM&A)や事業譲渡の際の受け皿会社設立などで、サポートを受けると効率的だ。

事業譲渡をすると、社員の転籍手続きがあり、社員数が多い場合、**社会保険労務士**に依頼した方が作業進行上スムーズである。

以上、M&Aを進行させていく場面で、その状況に見合った専門家にサポートしてもらうということが非常に大切なことである。よく認識しておきたい。

PART 5

中小ベンチャー企業のM&A事例を知りたい！

実録ショート・ストーリー

本章で伝えたいこと

M&Aにまつわる失敗事例と成功事例をご紹介する。これまで私が実際に経験してきたことを含め、読み物として編集している。

これまで本書の中で説明してきた、買い手、売り手、M&Aアドバイザーそれぞれの立場や思考などを思い出しながら読んでいただきたい。とりわけ失敗事例から学ぶことは多い。

失敗事例

1 譲渡価格のこだわりで売却機会喪失

［**失敗事例1**］ 譲渡価格のこだわりで売却機会喪失

属性	売り手（譲渡）企業甲社	買い手（譲受）企業乙社
業種	繊維製造業	アパレル事業
売上高	約3億円	約15億円
社員数	50名	70名
M&Aの目的・理由	業績不振	垂直型（川上） 多角化戦略規模拡大

【甲社創業】

甲社は1960年代に創業し、繊維製造業を営み、地元での著名企業であった。会長A氏は創業者。B氏は息子で社長を任されている。A氏は地元の織物工場に勤めたのち、得意先の社長の薦めで独立、甲社を起業した。当時は「糸ヘンブーム」～「高度成長期」と繊維業界も沸いていた。

【親子新体制と業界衰退の時代の流れ】

甲社は国内販売とともに東南アジアなど海外への輸出も行い順調だった。息子のB氏が大学卒業後に勤めていたメーカーを退職し、後継ぎとして甲社に入社した。やがて経営全般はB氏が担い、A氏がB氏をバックアップするという体制となった。B氏は大学やメーカーで培った人脈を活かし繊維事業は70年代盛況となった。

しかし、80年代半ばを過ぎると赤字計上が多くなる。円高の影響で東南アジア等の海外輸出が激減したが、最大の打撃は大手繊維企業の不振だった。大手向けの国内販売も激減した。売上は絶頂期の50％にまで落ち込んでいた。

繊維業界は薄利多売が基本である。そのため生産量を減らすことは難しい。一定の生産量を堅持して、売上を保ち、雇用を守り、設備を維持する。この繊維業界の経営常識が通じなくなってきた。（※1）もともと利鞘の多い業界でないのに加え、物価の上昇、賃金の上昇でさらに利益が圧縮された。それに追い打ちをかけるような90年代の大手の不振は、「バブル崩壊」の時期に当たった。

【会社売却の検討】

「バブル崩壊」から10年以上が経過し、業界が厳しい中、甲社はなんとかがんばっていた。きちんと技術管理をしていたことで高品質を保ち、売上は維持できていた。しかし80年代に採用した従業員が30名近くおり、彼らの雇用を維持するため、A氏とB氏は会社へ個人貸付をせざるを得なかった。さらに甲社の金融機関からの負債は年々増加していった。

この時期2000年代に入り、B氏はM＆Aでの他社への売却を検討する。（※**2**）B氏には甲社の限界が見えてきたからである。営業と経理面からB氏は甲社の危機を肌で感じていた。（※**3**）そこでB氏はインターネットで知った丙M＆Aアドバイザー（仲介型）に相談することにした。B氏は大手の繊維メーカーに国内工場として買収してもらおうと考えていた。職人気質のA氏は、もはや実務に関してB氏に一任しており、具体的に甲社がどの程度危機的な状況かは正確に理解できていない。「従業員の雇用が維持できるなら」と息子B氏の甲社売却提案に抵抗することはなかった。

【価格交渉】

丙M&Aアドバイザーに紹介された企業は数社あり、ほとんどが大手アパレル企業だ。（※4）その中で最も友好的な乙社と話を進めることにした。「甲社が開発した繊維は高品質であり、弊社の新製品の主原材料としていきたい」というのが乙社のコメントだった。A氏は再度従業員の雇用維持を条件にするようB氏に言った。従業員は40代半ばの者がほとんどだった。（※5）B氏は5億円で株式を売却できないと今まで個人貸付してきた分が取り戻せない、という事情で売却金額5億円を提示した。①甲社の決算書には現在時価4000万円の土地が購入時の金額10000万円で計上されていること、②A氏が友人から購入した株式3000万円もそのまま載っていること、という状況でも、③工場や設備が揃っていること、をもって5億円程度で売却は可能だと自己判断していた。

しかし、丙M&Aアドバイザーと乙社側が提示してきた金額は2億円。B氏は「土地も建物も自社所有だ。いくらなんでも安すぎる！」と再検討を求めた。乙社側は、「御社の技術力は確かなものだ。しかし固定資産はバブル期直前に購入したもので、帳簿価格の価値はない。有価証券は知り合いの地元企業のもので換金性がなく、評価が難しい。従業員の雇用維持は約束する。」と乙社に再検討の余地はなかった。

【破談〜その後】

何度か話し合ったが、結局折り合わなかった。B氏は金額条件を下げるか迷い始めていた。2010年の夏の蒸し暑いある朝、B氏は、丙M&Aアドバイザーから「乙社は別の売り手候補の買収に踏み切る。したがって甲社の買収は正式に白紙撤回したい。」旨の連絡があった。その後急速に資金繰りに問題が出て、甲社は金融機関からA氏、B氏の連帯保証契約及び自宅を担保に、運転資金の追加融資を受けた。さらに、役員給与をゼロ、従業員の一部解雇及び給与の大幅カットとした再建計画を携えて返済条件改定に向けて銀行へ行った。もし、新たな融資も得られなければ、現在の返済を続けると再建計画を実行しても半年後には資金が底を突いてしまう。自宅を手放しても弁済しきれない。B氏は自宅を立ち退かなければならない老いた父親(A氏)と自分を脳裏に浮かべた。

そして従業員が困り果てる姿、さらに自分自身は破産手続きをした後の厳しい生活を想像した。しかし、先行きの不安と恐怖に闘いつつ、目の前の仕事はやらなければならない。乙社との価格交渉の日の対応に後悔しつつ、次の買い手候補が出てくるのを願う毎日であった。

失敗の教訓

（※1）業界自体が縮小傾向にある場合は、技術力・歴史があっても高額の売却につながりにくい場合も多い。

（※2）トップが自社の限界を感じているなら、早い売却決断が必要。

（※3）売り手買い手双方の仲介型M&Aアドバイザーとの付き合い方には注意。利益相反の問題があり、依頼するならば双方のバランス力があるM&Aアドバイザーが必要。着手金ありの業者ならば、それ狙いのところもある。選定には十分注意を払いたい。重要なのは、依頼したM&Aアドバイザーが売り手に対して「勘定と感情」をきちんと整理して判断できるようにアドバイスをしてくれるか、である。

（※5）買収側の意向は状況に応じて日々変化する。その意向は、あくまでも〝今〟の話。〝良き出会い〟はタイミングである。決断力が必要。

（※6）売却価格にこだわり、売るチャンスを逃すというケースは結構多い。双方が対立した場合、買い手側の減額指摘に対しキチンと対応しないと厳しい。またデューデリジェンス後、回収不能売掛金や不良在庫など資産を減算する要素が見つかることが多く、減額要因となる。売り方は、買い方に対し簡易でも専門家の自社の売却査定額を受け、その根拠をしっかりもって価格交渉に備えるべきである。

失敗事例2 直接交渉で主要社員の退職と価値棄損で破談

[失敗事例2] 直接交渉で主要社員の退職と価値棄損で破談

属性	売り手(譲渡)企業甲社	買い手(譲受)企業乙社
業種	医療系人材紹介業	人材派遣事業
売上高	約4億円	約20億円
社員数	15人	30名
M&Aの目的・理由	ハッピーリタイアメント	多角化

【甲社創業】

M氏は20年間MR職として勤めた大手製薬会社を退職。かねてから企画を練っていた製薬会社や医療系をメインとした人材紹介事業を行う甲社を設立した。前職の大手製薬会社での営業成績は常に上位。モーレツ営業マンで昼は病院、夜は接待、その後会社に戻って仕事をし、深夜にタクシーで自宅に帰るという生活だった。

甲社設立後は、常に実直な姿勢が、周囲から「頼れる存在」となっていった。M氏が転職支援した人材が、次の転職先を検討する時にはM氏を頼り、また友達を紹介する。それがどんどん増えていくというほど人望が厚かった。また一方の企業からも実績とともに信頼を積み上げていた。

【成長期】

経営課題の人的管理は、少しずつ増えた社員のモチベーションを維持させようと、成功報酬を手厚く組み込んだ給与体系を実施し、接待費は惜しまず使わせた。フレックス勤務制度や社内のルール作りも重要視した。ソフト面だけでなく、ハード面でも顧客管理や営業支援システムは積極的に改良した。社員にとっては時間の自由度が高いM氏のマネジメントと努力に比例する給与に満足している声が多かった。しかし、その一方で不満を持つ社員の存在もあった。営業成績が芳しくない社員の場合は、生活できる最低限の収入となり、そのうえサービス残業や接待で遅い帰宅時間に加え、休日出勤も日常化していた。いわゆる社員の二極化が進んでいた。

【停滞期】

やがて時代とともにインターネット環境が向上したことで、足で稼ぐ営業活動に特色があった甲社活動にも影響が出てきた。顧客との直接の関係構築より、サイトとメールでやり取りを終わらせるようになり、その結果、友達紹介などのつながりが少なくなり、全体的に受注数が落ち込み始めていたのだ。

そのような中、M氏は落ち込みを補填しようと教育事業に進出した。専門知識を持たない人材に教育で付加価値を付けて転職支援を始めたのである。多額の広告費もつぎ込んだ。しかし、このように教育を行った人材の大半は、格安の授業料につられただけで、甲社の転職支援を利用するに至らなかった。そして、この悪循環は当然のように本業を圧迫した。採算を度外視するやや無理な事業だったのである。

【売却検討～破談】

（※1）M氏は、同じ業界で人材派遣会社乙社を経営する知人K氏にそれとなく事業譲渡の相談をした。M氏自身もそろそろ引退したいという想いもあった。乙社は甲社の譲受に乗り気であった。同じ人材業界で派遣事業を主とする乙社は、より専門的な領域でのサービス展開を望んでいた。そして①甲社の売り上げは下降しているものの、即戦力の営業マンがそろっていること。②転職希望者の情報も豊富であること、などを評価していた。M氏とK氏の話しあいのもとで売却の具体的な話が進み、方向性が決まったところでM氏が社員に対する説明会を開いた。

しかし、その説明会後、（※2）甲社社員からは「乙社には移りたくない」「継続雇用は希望しない」「独立を考えたい」等の否定的な意向が多く出された。その理由は乙社と甲社との管理体制に違いあったからである。すなわち、①自由度の高い甲社に比べて時間管理が厳しいこと、②成果報酬システムが穏やかなこと、③実力派営業マンからすると待遇が下がること、などであった。

（※3）そしてS氏とK氏のやりとりが頻繁に社内で行われていたこともあり、ある程度社内に情報が浸透してしまっていたのである。

（※4）その結果、甲社の最大資産である主要な営業マンが抜けることとなり、乙社と甲社の事業譲渡の話はあっさり頓挫してしまった。

M氏は、甲社は成功報酬型の仕組みであり、業績が悪ければ人件費も抑えられる仕組みであったので、今回の件を機に間接部門の人員を減らし、会社の規模を縮小して残された営業マンでやり直す、と考えた。しかし、間接部門にいた元社員からの告発で労働基準監督署（労基署）から指導が入り、社員に対してサービス残業代を支払う事態となったのである。主要な営業マンを失った上に想定外の費用が発生し、甲社の状況は急降下。

他の買収候補も現れず、事業継続に自信を無くしたM氏は清算を決意。個人で所有していた不動産や担保としていた自宅を売却しなければならない結末を迎えてしまった。

失敗の教訓

（※1）たまたま相手が知り合いであると、Ｍ＆Ａアドバイザーを利用しないで交渉を進めるケース（直接交渉）もあるが、交渉の進め方やトラブル発生時への対応を含め、直接交渉は問題となることが多い。適切なＭ＆Ａアドバイザーがついていれば、甲社は清算せずに済む方法があったかもしれない。

（※2）譲渡すべき価値（本事例は実力派営業マン）が明らかに棄損した場合、売却価格の低下、さらには譲渡の不成立にもつながる。

（※3）Ｍ＆Ａの進行過程で社員に情報が漏えいするのは問題。いたずらに不安感が増大し、反対意見が出やすい。因みにＭ＆Ａに関する交渉等は社内で行ってはならず、オーナー自宅やＭ＆Ａアドバイザーの事務所で行う。また社内での電話・ファックス・Ｅメールも不用意に会社からしてはならない。資料用意は、会社に誰もいない休日等に行う、などの注意が必要だ。

（※4）賃金形態・就業形態・雇用形態などは組織・文化風土を構成する要因。社員が自社の組織と〝何をもって〟つながっているのかを客観的にみることが大切となる。仮に甲社と乙社のM&Aが成約しても、PMIで課題が多く、両者の成功には入念なる準備が必要であっただろう。

成功事例

3 病気で売却を決断、事業提携のステップを経て会社売却

［成功事例3］
病気で売却を決断、事業提携のステップを経て会社売却

属性	売り手（譲渡）企業甲社	買い手（譲受）企業乙社
業種	食品卸売業	食品製造・卸売業
売上高	約10億円	約40億円
社員数	15名	50名
M&Aの目的・理由	事業承継	顧客拡大商品力アップ

【甲社2代目社長】

長年食品卸売業を手掛ける甲社は、2代目代表取締役であるF氏の父親が創業した会社である。F氏は大学卒業後、食品系商社に入社。父親の会社を引き継ぐ日に備えて、様々な職務の経験や人脈作りに励み、実力をつけていった。38歳の時、ついに創業者父より会社を引き継いだ。その後、父親の堅実な経営スタンスを継続し、得意分野である魚の切り身を中心に主要顧客の公的機関へ商品を供給する展開を行い、業界における地位を確実なものにした。

【健康上の不安と後継者不在】

その後も堅調な売上を維持し、社員は15名に増えた。また堅実経営が功を奏し、借入金もなく純資産も年々積み上げていくことができた。しかし、F氏が55歳の時、あまりにも長い熱が続いたため、検査を受けることとなった。早期の肝臓がんであった。手術は成功し、命に別状はなかったものの、F氏は大きなショックを受け、再発し自分がいなくなった場合の会社、社員はどうなるのかなど、今まで考えたことのない不安に襲われた。F氏は病気のことを妻だけに話し、とりあえずは社員には隠して仕事を継続した。そして、F氏はこれを機に甲社売却を真剣に検討し始めた。

【提携話しから良きパートナーへ】

しかし、いきなり売却となると混乱を招き、最大の資産である社員が動揺して流出してしまっては台無しとなる。また、会社取引先はF氏への信頼によるものが多かった。

社員流出により価値を棄損することなく、売却後も継続的な取引確保ができるよう信頼できる売却先が必要であると考えた。

そのようなことを考えている頃、丙M&Aアドバイザーより事業提携の依頼話が舞い込んできた。それは東海地方に本社がある同業の食品製造・卸売会社、乙社であり、そのS社長は創業者で、業界の革命児とも呼ばれていた。最近は事業チャンネルの枠を超え、飲食業の進出も果たし、もう一段の発展を目指している。公的機関などの顧客拡大や商品ラインアップを強化できるような安定したパートナーを探しており、この目的に合致する甲社に大きな関心を持っているとの話であった。将来的には買収も見据えた提携を希望しているとのこと。F氏は自身の病気のことは伏せたうえで、乙社の社長S氏と面談することとした。面談を通じて、F氏はS氏のこれまでの実績や経営方針に良い印象を持ち、さらにS氏とF氏は学生時代の囲碁が同じ趣味であることがわかり、さらに話が盛り上がった。

【提携から売却へ】

その後、F氏とS氏は再度面談。（※1）将来のM&Aも視野に入れた事業提携を進めることとなった。甲社の社員は、乙社の仕事に取り組むようになった。そして、乙社のプロジェクトマネジャーD氏が少しずつ甲社の社員と接するようになった。仕事を通じたゆるやかな連携が一年近く行われた頃、F氏は乙社への売却を具体的に進めることを決意した。そして改めてS氏と面談して売却条件を話しあった。F氏の最低条件は次の2点。

(1) 現在の甲社の社員を継続雇用してもらうこと。
(2) F氏の後任として乙社のD氏を取締役として入ってもらい、F氏から業務の引継ぎを行うこと。

甲社は借入もなく現預金が豊富であったため、売却交渉は円滑に進んだ。乙社からの

第1章　第2章　第3章　第4章　第5章

条件としては、F氏が譲渡後一年間は相談役として業務の引継ぎと顧客への営業支援に関わってもらいたいとのことであった。F氏としては病気治療のため体力的な不安はあったが、引き受けることとした。

（※2）方向性が固まったところで、F氏は自分の病気、それを踏まえた提携、今回の売却の決定について社員に話をした。社員に大きな動揺はなく、逆に病気と闘いながら自分達のことを考えてくれたF氏に感謝を表した。そして、F氏は一人ずつ面談を行い社員の心境を聞いた。さらに、数日後にも一人ずつ面談を行った。1回目の面談は発表直後であったため、まだ考えがまとまらない者も多い。数日したら整理もつくだろうとの配慮であった。2回目の面談では、社員から様々な質問が出た。「本当に継続雇用をしてもらえるのか」「勤務場所は変わるのか」「給与体系はどうなるのか」「顧客は離れてしまわないのか」等々。（※3）丙M&Aアドバイザーのアドバイスもあり、（※4）事前に出てきそうな質問への対応も準備していたため、不安を除くための効果的な面談となった。1回目、2回目の面談を通じて特に退職等の意向を示す者はおらず、ほぼ全員が乙社に移ることに同意をした。

その後、（※5）正式な譲渡契約を締結。F氏は病気の治療と並行し、できる限り引継ぎに取り組んだ。その結果、顧客からの大きな取引減少もなく順調な事業の引継ぎが実現された。（※6）M&A後は、両者の想定したメリットやシナジーが現れた。特に、甲社社員においては、会社の成長に関われて待遇もアップし、感謝の声が上がっている。

成功の教訓

（※1）提携期間を〝様子見〟期間として利用し、売却ステップを着実に踏んでいった。いわば、結婚生活前の同棲生活でお互いの相性等を確認するようなもので売却への移行もスムーズになりやすい。

（※2）ステークホルダーへの対応はM&A成功にとっての最重要課題。通常、一般社員への告知は、最終契約後であるが、状況を勘案して早めの対応となった。このようにM&Aにおける各種対応は、**教科書的でなくケースバイケースで適切に対応**することが求められる。

（※3）経験あるM&Aアドバイザーからのアドバイスは有効。手順・段取りは慎重かつ確実に行いたい。

（※4）中小ベンチャー企業の最大の資産は〝働いていただく社員〟である。その点に最大限の配慮をした計画で適切である。特に、情報開示後は面談を通じた細やかな対応を実行。価値を棄損せずに最終契約（売却）まで至る。

（※5）一般取引先へは売却決定まで情報をクローズ。秘密保持体制が重要である。

（※6）PMIでの顧客創造というテーマも提携を通じてスムーズに達成でき、社員のモチベーションアップが図れた。

成功事例 4 代表取締役の急死とM&Aアドバイザーのフル活用で会社売却

[成功事例4]
代表取締役の急死とM&Aアドバイザーのフル活用で会社売却

属性	売り手（譲渡）企業甲社	買い手（譲受）企業乙社
業種	不動産・ トランクルーム業	オンラインコンテンツ業 （上場企業）
売上高	約3億円	約35億円
社員数	10名	70名
M&Aの 目的・理由	●事業承継 ●社員雇用継続	●多角化、事業リスク分散 ●安定的キャッシュフロー

【甲社創業】

代表取締役のN氏は大学卒業後、不動産会社で働いていた。キャリアを積み重ねた後、30歳で遂に念願の不動産仲介を行う甲社を創業した。「顧客のために安心・快適な住まいをお世話する。」そんな想いから、優良紹介物件の収集と顧客開拓に多忙ながら充実した日々を送っていた。設立当初から、忙しくて家庭もあまりかかわれなかったが、起業を後押ししてくれた妻は、経理も担当してくれ、当初の一番つらい時期を支えてくれた。

N氏の粘り強い営業努力により、会社は少しずつ業績を伸ばし、取引先を増やしていった。従業員も一人、また一人と増え始めた頃、長女も誕生し、N氏はさらに仕事に注力するようになる。

【不動産仲介からトランクルーム事業へ】

会社設立からすでに10年近くが経過していたある時、N氏は、不動産仲介だけでの事業進展の限界を感じ、自社のビジネスモデル構築を考えるため、MBAを取得できる都内のビジネススクールに通った。仕事の合間の勉強はかなり厳しいものであったが、様々な経験をもつビジネスマンとの交流や担当教官から受ける最新のビジネス理論は新鮮かつ刺激を受け有益であった。そして、卒業するころ、これからの事業展開としてトランクルーム事業が伸びると考えたのである。第二の成長期が来たと感じたN氏は、早々に新規事業として古くてオフィスが入らないビルを購入または賃借してその部屋を小分けにし、トランクルーム事業を始めた。同時に人材を中途採用して営業面を強化した。

駅近や住宅街で荷物を運びやすくするため駐車場完備のビルを探し、セキュリティをしっかりさせ、顧客の要望に合ったトランクルームの種類を用意すると、徐々に顧客が増え始め、空きは順番待ちというぐらいに人気を呼んだ。その後、「家庭の第二の収納スペース」や「土地活用」「ワインセラー専用のトランクルーム」ブームも重なり、（※１）甲社は順調に業績を伸ばしていった。そして年商３億円、優秀な従業員を10名抱える企業へと成長したのである。

【突然の不運と残された会社】

しかし、そんな絶好調の最中、N氏は突然の急性心不全で帰らぬ人となってしまう。あまりに突然のことで、家族も社員も衝撃を隠せなかった。しかし、会社にはいつもと変わらず顧客から問い合わせの電話が鳴り、注文が入る。N氏の信頼が厚かった営業責任者の社員O氏がなんとか指揮をとりながら通常業務が行われたが、いきなりトップ不在となり現場は混乱し始めていた。残された妻としては、とりあえず空席となった社長職に就任したものの、経営経験もないため、会社は売却するしかないだろうという結論に至った。妻としては夫を突然亡くし、とても会社を動かせるような気力はなかったが、残された社員の雇用だけは守ってあげたかったのである。

【M＆Aアドバイザーを利用したM＆Aの検討】

妻は、N氏の学生時代の親友で一度会ったことのあるM＆AアドバイザーのS氏に連絡をとり、今後について相談することにした。（※2）S氏は、N氏の訃報に驚きを隠せなかったと同時に亡き親友のため、全力でM＆Aを成功させることを妻に誓った。

妻には病死の生命保険金・経営者保険が支払われ、当面の生活には困らない。しかし、今後を考えると安定した収入がほしいため、甲社の保有するビルの管理業務の仕事を残してほしいとの要望があった。また（※3）心配していたのは会社と社員の将来であり、実質のトップ不在の状態を一刻も早くなんとかしなくてはいけないと考えていた。妻の意向を確認したS氏は、通常であれば売却についての過程で社員に開示はしないが、特別なケースでもあるため、現場責任者で最も社歴の長いO氏にはN氏の妻とS氏が同席して売却の件を話した。

O氏は、売却方針を聞いて驚いたものの、予想はしていたようだ。N氏の妻や営業マンの自分が会社を引っ張っていくのは難しいと感じていたからだ。そして（※4）従業員の継続雇用が約束されるなら、一刻も早く譲渡先を見つけてほしいという点で、O氏とN氏の妻の希望が一致した。

【新たなスタート】

甲社としての意向が固まったことを踏まえS氏は甲社の同業他社と取引先企業にアプローチを始めた。甲社の同業他社や取引先としては様々あったが、残念なことに条件や譲渡価格面でかなり開きがあり、交渉は難航していた。そんな矢先、（※5）S氏と面識があった上場企業でオンラインゲームを展開している乙社の財務担当役員から、甲社を是非面倒みたいとの積極的な申し入れがあった。目的は甲社トランクルーム事業のキャッシュフローの安定性だった。また少し毛色の違う事業に進出して分散化を図りたいとの要望もあった。さらに、（※6）業績が好調で財務も健全な甲社は、上場している乙社にとって非常に魅力的だった。S氏から見ても、乙社なら売却後の事業の相乗効果も見込める良い相手だったと見込んだ。乙社は過去にもある金融会社を買収した経験があり、その金融会社は順調に成長をし、M&Aは成功を収めていたからである。

交渉はスムーズに進んだ。N氏の妻のビル管理業務の件も懸念されていた社員の継続雇用についても、甲社の希望を全面的に受け入れてくれることになった。代表取締役が急逝してから約半年後、異例のスピードで無事に契約が締結され、新たな代表取締役が就任。甲社は無事第二のスタートが始まることとなったのである。

成功の教訓

（※1）（※6）甲社は、業績・財務とも充実しており、「魅力的な企業」であった。

（※2）（※5）緊急時のM&Aにおいては、親身かつ適切なアドバイザーに依頼し、専門的かつ迅速に対応していきたい。また同業や取引先以外で異業種を求めていた買い手候補が具体的にいたことが、甲社の条件を比較的有利に進められた要因でもある。（※3）（※4）代表取締役が急逝後、価値の〝棄損〟を最小限にできたことも重要。

残された妻が「従業員の雇用安定」を重視して、速やかに「売却を第一に」と、ぶれない方針を固めたことがあげられる。迷いがある場合、アドバイザーの客観的で適切な対応が求められる。

巻末資料（サンプル）

本書では、プロローグで書いた通り、契約等合意文書の実務について詳説していない。M&Aの交渉過程では、売り手・買い手双方の思い違いが発生しやすいので注意が必要だ。したがって、言った言わないなどの水掛け論的トラブル防止のためにも、契約書・覚書等に限らず、両者の意見が一致した段階でその都度、必ず文書で確認することとしたい。左記5つの契約書はM&Aでの重要契約書である。サンプルを提示したので参考にしてほしい（本文第1章参照のこと）。

1. 秘密保持契約書
2. 基本合意書
3. 株式譲渡契約書（最終契約書）
4. 事業譲渡契約書（最終契約書）
5. 合併契約書（最終契約書）

1.秘密保持契約書

SAMPLE 1

秘 密 保 持 契 約 書

＿＿＿＿＿＿＿（以下「甲」という。）と＿＿＿＿＿＿＿（以下「乙」という。）とは、企業買収等に関する情報（以下、「本件」という。）を相互に提供し検討する（以下「本目的」という。）にあたり、その情報並びに資料（以下、「本件秘密情報」という）の秘密保持に関し、以下のとおり合意する。

第１条　（本件秘密情報の定義）

本契約における本件秘密情報とは、甲及び乙が本目的のために書面または口頭およびその他の方法により開示、提供する本件に関する資料、データ等の一切の情報とする。ただし次の各号の情報は秘密情報に含まれない。

（ア）既に公知となっている情報及び開示後に公知となった情報

（イ）守秘義務を負うことなく正当な第三者から適法に入手した情報

（ウ）本書差入れ前に既に入手していた情報

（エ）法令上、行政上及び裁判上の手続に関連して、または甲及び乙の監督省庁の要求により開示を請求された情報

第２条　（本件秘密情報の管理）

1.　甲及び乙は、相手方から開示された本件秘密情報を善良なる注意義務をもって管理、利用するものとする。

2.　甲及び乙は、相手方から開示された本件秘密情報に関し、事前の書面による相手方の承諾を得ることなく、第三者に対して開示または漏洩しないものとする。但し、公的機関からの法的根拠のある開示命令または要求がある場合を除く。

3.　甲及び乙は、相手方から開示された本件秘密情報を第三者への漏洩を防止するために必要な合理的措置をとるものとし、使用目的に関連して本件秘密情報を知る必要のある自己の役員、従業員及び甲乙それぞれに依頼する弁護士、公認会計士、税理士、アドバイザー、コンサルタントその他の外部専門家、前項にて相手方から事前の承諾を受けた第三者（以下、「外部専門家等」という。）以外の者に開示しないものとし、当該外部専門家が法律上当然に秘密保持義務を負う場合を除き、本契約に定める秘密保持義務と同程度の秘密保持義務を当該外部専門家等に対し、課すものものとする。

第３条　（禁止事項）

甲及び乙は本目的にあたり次の事項に掲げる行為をしない。

（ア）相手方の事前の承諾なしに第三者に本件秘密情報を開示または漏洩すること

（イ）本件秘密情報を相手方の事前の承諾なしに本目的以外に使用すること

（ウ）相手方の事前の承諾なしに、相手方の役員・従業員・債権者・取引先等に直接接触すること

1.秘密保持契約書

第４条　（本件秘密情報の返還）

甲および乙は、開示者から要求があった場合には、秘密情報およびその複製物を開示者に速やかに返還または廃棄するものとする。但し、乙の社内規程または業務運営上保存を要する秘密情報については、本契約の規定に従って、引続き保管することができる。

第５条　（損害賠償）

甲又は乙が、本誓約に基づく秘密保持義務に違反した場合、または、開示対象者がそれぞれに課せられる秘密保持義務に違反した場合、開示者に生じた損害を直接損害の範囲で賠償する責任を負うものとする。

第６条　（有効期間）

本契約の有効期間は、本契約締結日より___年間とする。ただし、本目的に関し甲と乙の間で別途秘密保持を定めた契約が締結された場合は、当該契約の規定に従うものとする。

第７条　（協議事項）

本書に定めのない事項及び本書の解釈につき、疑義が生じた場合は、甲及び乙が誠意をもって協議解決するものとする。

第８条　（準拠法等）

本書は日本法に準拠するものとし、これに関する紛争については東京地方裁判所を専属的裁判所とする。

本契約の成立を証するため、２通作成し、甲乙記名捺印の上各々１通を保有する。

以上

平成___年___月___日

甲：住　　所____________________　乙：住　　所____________________

　　氏　　名____________________印　　　氏　　名____________________印

2.基本合意書

SAMPLE 2

基本合意書

＿＿＿＿＿(以下「甲」という。)と＿＿＿＿＿(以下「乙」という。)は、甲が保有する株式会社＿＿＿＿＿(本店:＿＿＿＿＿＿＿＿＿＿＿。以下「**対象会社**」という)の発行済み普通株式のすべて(合計＿＿＿＿＿株。以下「**本件株式**」という)の譲渡に関し、以下のとおり基本合意(以下「**本基本合意(書)**」という)を締結する。

第1条(目 的)
甲及び乙は、甲が保有する本件株式を乙に譲渡すること(以下「**本件株式譲渡**」という)を目的として本基本合意を締結する。

第2条(調査及び情報開示)
1. 乙は、本件株式譲渡の目的を達成するため、自ら又はその指定する弁護士、公認会計士、税理士、不動産鑑定士、及びその他の第三者(以下「**アドバイザー等**」という)をして、甲による本件株式の取得経緯並びに対象会社に属する事業に関する情報及び対象会社のすべての情報(資産、負債、財務、経理、営業、取引関係、契約関係、労務、許認可、その他対象会社の経営に関する一切の情報を含む)を合理的な方法により調査することができるものとし(以下「**本件調査**」という)、甲はこれに協力し、必要な情報の開示を行い、また対象会社の役員及び従業員をして開示させるものとする。甲は、乙が本件調査の過程において必要と判断する場合には、乙の要請する帳簿、記録、契約書、及びその他の資料一切の閲覧及び謄写を認め、また対象会社の役員及び従業員をして認めさせるものとする。
2. 本件調査は、本基本合意締結後、速やかに行われるものとし、その時期、期間、方法その他の詳細は別途甲乙協議のうえ定めるものとする。

第3条(本件株式譲渡の時期)
甲及び乙は、平成＿年＿月＿日までに、本件株式の譲渡にかかる契約(以下「**本契約(書)**」という)を締結した上で本件株式の譲渡を実行することを目標とする。

第4条(譲渡価額・条件)
本件株式の譲渡価格及びその他の条件ついては、甲乙別途協議のうえ、本契約書において規定するものとする。

第5条(資産処分等の禁止)
甲は、本基本合意の有効期間中、乙の同意のない限り、本件株式、対象会社の所有する重要な資産及び事業につき、譲渡又はその完全な権利の行使を妨げる一切の処分行為(担保権、賃借権の設定や仮登記などを含む)を行なってはならず、また対象会社をして通常の営業の過程において生じる債務以外の債務を負担させてはならない。

第6条(秘密保持)
甲及び乙は、本件株式の譲渡に関し、その交渉内容、交渉過程、本基本合意書の内容及び本件調査の過程で知り得た情報を含め、相手方及び対象会社に関する一切の情報を秘密と

2.基本合意書

して保持するものとし、相手方当事者の書面による同意なくして、第三者(乙については、アドバイザー等及び乙が本件株式の譲渡に必要な資金を調達する予定の金融機関を除く)に対してそれらを開示しないものとする。但し、相手方当事者から開示を受ける以前から合法的に保有していた情報についてはこの限りでなく、また、法令に基づき、又は裁判所もしくは行政機関の命令により要求される場合はこの限りではない。

第7条（排他的交渉）
甲は、本基本合意締結日以降、本基本合意の有効期間中は、乙以外の第三者とは本件株式譲渡（対象会社の実質的経営権の移転となる会社分割、事業譲渡、その他の手法による場合を含む）についての交渉を一切行わないものとする。

第８条（費用負担）
本基本合意の締結及び履行に要する費用（本件調査の費用を含む）は各当事者の各自負担とする。

第９条（有効期間）
本基本合意は、甲乙間の誠実な交渉によっても本件株式譲渡の条件が整わないことが確定したとき、又は平成____年____月____日のいずれか早い日をもって終了する。

第10条（解約制限）
甲及び乙は、本基本合意に基づく本件株式譲渡に向けたそれぞれの手続が相当の時間と費用を要するものであることに鑑み、合理的理由なくして、本件株式譲渡に向けた交渉を拒絶し、又は本基本合意の一方的解約をしないことを相互に表明する。

第11条（誠実協議）
本基本合意書の条項に定めのない事項が生じた場合、又は本基本合意書の各条項の解釈に疑義が生じた場合には、甲及び乙協議の上誠実にこれを処理するものとする。

本基本合意の成立を証するため、本書2通を作成し、甲の代理人及び乙において各記名(署名)捺印の上、各その1通を保有する。

平成____年____月____日

甲：住　　所______________________　乙：住　　所______________________
　　氏　　名____________________印　　氏　　名____________________印

3.株式譲渡契約書

SAMPLE 3

株式譲渡契約書

______(以下「甲」という。)と______(以下「乙」という。)とは，本日，甲が所有する株式の譲渡について以下のとおり契約する。

第1条（譲渡合意）
甲は，乙に対し，本日，甲の所有する下記の株式（以下「本件株式」という。）を譲渡し，乙はこれを譲り受ける。

記

発行会社	______株式会社
株式の種類	普通株式
株式の数	___株
譲渡価格	合計______円

第2条（譲渡価格の支払等）
1　乙は，甲に対し，本日，前条記載の譲渡価格全額を支払い，甲はこれを受領した。
2　甲は，平成___年___月___日までに，本件株式の譲渡につき，発行会社の承認を得るものとする。
3　甲および乙は，前項の発行会社の承認後直ちに，発行会社に対し，甲から乙へ株主名簿の書換えを行うよう共同して請求する。

第3条（保　証）
甲は，乙に対し，以下の点を保証する。
（1）　発行会社の発行済株式総数が___株であること
（2）　本件株式に，質権の設定等，株主権の完全な行使を妨げる瑕疵が存在しないこと
（3）　発行会社の財務内容は直近会計年度末の決算書類および平成___年___月___日現在の試算表のとおりであること。
（4）　発行会社に簿外負債がないこと。
（5）　発行会社の主要な資産は別紙資産目録のとおりであること。

第4条（解　除）
1　甲または乙が本契約に違反した場合，相手方は，相当期間を定めて催告の上本契約を解除し，違反者に対し，その蒙った損害の賠償を請求することができる。
2　前条の保証に相違する事実が判明した場合，乙は，直ちに本契約を解除し，甲に対し，その蒙った損害の賠償を請求することができる。

第5条（専属的合意管轄裁判所）
本契約に関する紛争については，______地方裁判所を第一審の専属的合意管轄裁判所とする。

3.株式譲渡契約書

本契約の成立を証するため本契約書を２通作成し，甲乙各記名押印の上，各１通を保有する。

平成____年____月____日

甲：住　所________________________　乙：住　所________________________

　　氏　名______________________印　　氏　名______________________印

4.事業譲渡契約書

SAMPLE 4

事業譲渡契約書

＿＿＿＿＿＿＿（以下「甲」という。）と＿＿＿＿＿＿＿（以下「乙」という。）は、次の通り事業譲渡契約（以下「本契約」）を締結した。

第１条【事業譲渡物件】

甲は、乙に次の営業を譲渡することを約し、乙はこれを承諾した。

業務の種類	日用雑貨品販売
店舗所在地	＿＿＿県＿＿＿市＿＿＿町＿＿番地　〇〇ビル３１１
店名	＿＿＿＿＿ショップ
事業譲渡物件	契約後乙の利用開始時に店舗に現存する商品、営業用動産、建物の造作全部、得意先及び仕入先に対する権利その他営業上の権利一切並びに店舗使用権

２　甲は、前項の店舗使用権については、店舗の賃貸人の承諾を得たことを乙に保証する。

第２条【譲渡金額】

本契約の対価として、乙は第３条の譲渡日までに、甲の指定する口座に金＿＿＿万円を振込により支払う。但し、振込手数料は乙の負担とする。

第３条【譲渡日】

甲は、乙に対し平成＿＿年＿＿月＿＿日までに第１条の店舗を明け渡すと共に、営業に使用している帳簿及び書類を引き渡さなければならない。但し、前条の譲渡金額を甲が受領していない場合は、引き渡しを拒否することができる。

第４条【許認可等】

乙が甲から譲受する業務に必要な許認可・登録等の承継手続については、本契約締結後速やかに甲乙が協力して行うものとする。

２　前項の手続きに要する費用は、甲の負担とする。

第５条【従業員の取扱い】

本契約により譲渡する業務に従事する甲の従業員の取扱いについては、別途協議する。

第６条【善管注意義務】

甲は、本契約締結後譲渡日まで、事業譲渡物件について善良なる管理者の注意をもって維持管理しなければならない。

4.事業譲渡契約書

2　甲が事業譲渡物件に重要な変更を加えるときは、事前に乙の承認を得るものとする。

第７条【公租公課】
本件営業に関する公租公課は、本契約成立の前月までの分は甲の負担とし、契約日を含む月以降の分は乙の負担とする。

第８条【個人情報保護】
甲及び乙は、相手方の個人情報を厳重に管理し、これを外部に漏洩させてはならない。
2　甲及び乙は、相手方の個人情報を委託先等に配布する際は、事前に相手方の承諾を得なければならない。

第９条【秘密保持】
甲及び乙は、本契約により知り得た相手方の秘密を、本契約に定める目的以外に第三者に漏洩し、利用してはならないものとする。これは本契約終了後も同様とする。
2　前項にかかわらず、契約時に既に公開となっている情報及び相手方の許可を得た情報、独自に開発または取得した情報についてはこの限りでない。

第１０条【権利の質入及び譲渡】
甲及び乙は、本契約において保有する権利及び義務の全部又は一部を、相手方の書面による事前の承諾なく第三者に譲渡及び質入することができない。

第１１条【権利放棄】
甲及び乙の一方が、相手方の特定の契約違反を許容し、その違反により発生する損害賠償請求権等の放棄をしても、その後の違反に対する権利を放棄するものではないことを甲乙双方は確認する。
2　特定の条項の権利放棄を契約期限まで認める場合は、権利を持つ契約当事者が書面にて放棄する旨を承諾しなければならない。

第１２条【債務不履行】
甲及び乙は、相手方が本契約に違反したときは、書面による通知により本契約を解除することができる。但し、違反内容に関し相手方に正当な事由がある場合はこの限りではない。

第１３条【期限の利益喪失】
甲及び乙は、相手方に次の各号の一に該当する事由が生じたときは、相手方に通知することなく本契約を直ちに解除することができる。

4.事業譲渡契約書

一　差押え、仮差押え、仮処分、租税滞納処分、その他公権力の処分を受け、または整理、会社更生手続及び民事再生手続の開始、破産もしくは競売を申し立てられ、または自ら、整理、会社更生手続、民事再生手続の開始もしくは破産申立てをしたとき、または第三者からこれらの申立てがなされたとき
二　資本減少、営業の廃止もしくは変更、または解散の決議をしたとき
三　公租公課の滞納処分を受けたとき
四　その他相手方に前各号に準ずる信用の悪化と認められる事実が発生したとき

第１４条【違約金】
乙が正当な事由なく債務の履行を遅延した場合は、甲に対し契約金額に加え、支払日までの遅延損害利息年率_____%を加えた額を支払わなければならない。

第１５条【損害賠償】
甲及び乙は、契約解除等により相手方に対して与えた損害の実費を賠償する義務を負う。

第１６条【不可抗力】
本契約上の義務を、以下に定める不可抗力に起因して遅滞もしくは不履行となったときは、甲乙双方本契約の違反とせず、その責を負わないものとする。
一　自然災害
二　伝染病
三　戦争及び内乱
四　革命及び国家の分裂
五　暴動
六　火災及び爆発
七　洪水
八　ストライキ及び労働争議
九　政府機関による法改正
十　その他前各号に準ずる非常事態
２　前項の事態が発生したときは、被害に遭った当事者は、相手方に直ちに不可抗力の発生の旨を伝え、予想される継続期間を通知しなければならない。
３　不可抗力が９０日以上継続した場合は、甲及び乙は、相手方に対する書面による通知にて本契約を解除することができる。

第１７条【合意管轄】
本契約につき甲及び乙に疑義が発生した場合、互いに誠実に話し合い、解決に向けて努力しなければならないものとする。

2　本契約につき裁判上の争いとなったときは、東京地方裁判所を第一審の合意管轄裁判所とすることに甲及び乙は合意する。

第１８条【準拠法】
本契約は日本法に準拠し、同法によって解釈されるものとする。

以上、本契約の成立を証するため、本書二通を作成し、甲乙各一通を保有する。

平成＿＿年＿＿月＿＿日

甲（債務者）　住所

氏名＿＿＿＿＿＿＿＿＿＿＿＿＿＿＿＿＿＿＿＿印

乙（債権者）　住所

氏名＿＿＿＿＿＿＿＿＿＿＿＿＿＿＿＿＿＿＿＿印

5.合併契約書

SAMPLE 5

合併契約書

＿＿＿＿＿＿＿（以下「甲」という。）と＿＿＿＿＿＿＿（以下「乙」という。）は、次の通り合併契約（以下「本契約」）を締結した。

第１条【存続会社】
甲は乙を合併し存続し、乙は解散する。

第２条【商号変更】
甲は、合併期日をもって、次の通り商号を変更する。

商号：ＡＢＣ株式会社

２　甲は合併により、その発行可能株式総数を＿＿株増加し、その総数を＿＿株とする。

第３条【増資】
甲は合併に際し、普通株式＿＿株を発行し、合併期日前日における乙の最終の株主名簿に記載された株主に対し、その所有する乙の普通株式１株に対し甲の普通株式１株の割合をもってこれを割当交付するものとする。
２　この合併により甲は資本金＿＿＿円、資本準備金＿＿＿円を増加する。但し、資本準備金については合併期日における乙の資産状態により変更することができるものとする。

第４条【帳簿】
乙は、契約日が属する月の前月末までの会計帳簿、財務諸表を基礎とし、これに合併期日前日までの増減を加除したその資産、負債及び権利義務一切を合併期日において甲に引き継ぐものとする。
２　乙は契約日が属する月の前月末以降、合併期日前日までの間においてその資産、負債に変動を生じた場合、その明細を添付して、直ちに甲に明示するものとする。

第５条【善管注意義務】
甲及び乙は、本契約締結後合併期日前日まで、善良な管理者の注意をもって業務を執行し、それぞれの保有する一切の財産を厳格に管理・運営しなければならない。

第６条【効力発生日】
合併の効力発生日は平成＿＿年＿月＿＿日とする。但し、効力発生日までに必要な手続を遂行することができないことが判明したときは、速やかに甲乙協議して、これを延期することができる。

5.合併契約書

第７条【配当】

甲及び乙は、平成＿＿年＿月＿＿日の最終の株主名簿に記載された株主に対し、合併期日までにそれぞれ次の金額を限度として利益配当を行う。

一　甲　１株あたり　総額＿＿＿円

二　乙　１株あたり　総額＿＿＿円

第８条【従業員の引継】

乙の従業員は合併期日をもって甲に引き継ぎ、勤続年数は通算するものとする。

第９条【手続費用】

乙の解散に要する手続の費用は、乙の負担とする。

第１０条【重大な瑕疵】

本契約締結日より合併期日前日までの間において、相手方に隠れた重大な瑕疵が発見された場合、甲及び乙は合併を取り消し、または合併条件を変更することができる。

第１１条【株主総会】

甲及び乙は、平成＿＿年＿月＿＿日にそれぞれ株主総会を開催し、本契約内容の承認及び合併手続の遂行に必要な事項につき議決することを要し、承認後、互いにその旨を相手方に書面にて通知しなければならない。

第１２条【発効条件】

本契約は、前条の株主総会の承認決議を得るまでは、その効力を生じないものとする。

第１３条【個人情報保護】

甲及び乙は、相手方の個人情報を厳重に管理し、これを外部に漏洩させてはならない。

２　甲及び乙は、相手方の個人情報を委託先等に配布する際は、事前に相手方の承諾を得なければならない。

第１４条【秘密保持】

甲及び乙は、本契約により知り得た相手方の秘密を、本契約に定める目的以外に第三者に漏洩し、利用してはならないものとする。これは本契約終了後も同様とする。

２　前項にかかわらず、契約時に既に公開となっている情報及び相手方の許可を得た情報、独自に開発または取得した情報についてはこの限りではない。

第１５条【権利の質入及び譲渡】

5.合併契約書

甲及び乙は、本契約において保有する権利及び義務の全部又は一部を、相手方の書面による事前の承諾なく第三者に譲渡及び質入することができない。

第１６条【権利放棄】

甲及び乙の一方が、相手方の特定の契約違反を許容し、その違反により発生する損害賠償請求権等の放棄をしても、その後の違反に対する権利を放棄するものではないことを甲乙双方は確認する。

２　特定の条項の権利放棄を契約期限まで認める場合は、権利を持つ契約当事者が書面にて放棄する旨を承諾しなければならない。

第１７条【債務不履行】

甲及び乙は、相手方が本契約に違反したときは、書面による通知により本契約を解除することができる。但し、違反内容に関し相手方に正当な事由がある場合はこの限りではない。

第１８条【期限の利益喪失】

甲及び乙は、相手方に次の各号の一に該当する事由が生じたときは、相手方に通知することなく本契約を直ちに解除することができる。

一　差押え、仮差押え、仮処分、租税滞納処分、その他公権力の処分を受け、または整理、会社更生手続及び民事再生手続の開始、破産もしくは競売を申し立てられ、または自ら、整理、会社更生手続、民事再生手続の開始もしくは破産申立てをしたとき、または第三者からこれらの申立てがなされたとき

二　資本減少、営業の廃止もしくは変更、または解散の決議をしたとき

三　公租公課の滞納処分を受けたとき

四　その他相手方に前各号に準ずる信用の悪化と認められる事実が発生したとき

第１９条【違約金】

乙が正当な事由なく債務の履行を遅延した場合は、甲に対し契約金額に加え、支払日までの遅延損害利息年率____%を加えた額を支払わなければならない。

第２０条【損害賠償】

甲及び乙は、契約解除等により相手方に対して与えた損害の実費を賠償する義務を負う。

第２１条【不可抗力】

本契約締結日より合併期日に至る間において、以下に定める不可抗力に起因して甲または乙の資産状態及び経営状態に重大な変更を生じた場合、甲及び乙は、本契約の履行に向けて互いに協力しなければならない。

一　自然災害
二　伝染病
三　戦争及び内乱
四　革命及び国家の分裂
五　暴動
六　火災及び爆発
七　洪水
八　ストライキ及び労働争議
九　政府機関による法改正
十　その他前各号に準ずる非常事態

2　前項の事態が発生したときは、被害に遭った当事者は、相手方に直ちに不可抗力の発生の旨を伝え、予想される継続期間を通知しなければならない。

3　不可抗力が９０日以上継続した場合は、甲及び乙は、相手方に対する書面による通知にて本契約を解除することができる。

第２２条【合意管轄】

本契約につき甲及び乙に疑義が発生した場合、互いに誠実に話し合い、解決に向けて努力しなければならないものとする。

2　本契約につき裁判上の争いとなったときは、東京地方裁判所を第一審の合意管轄裁判所とすることに甲及び乙は合意する。

第２３条【準拠法】

本契約は日本法に準拠し、同法によって解釈されるものとする。

以上、本契約の成立を証するため、本書二通を作成し、甲乙各一通を保有する。

平成____年____月____日

甲（存続会社）　住所

氏名________________________________印

乙（消滅会社）　住所

氏名________________________________印

エピローグ

本書を読んで、ご感想はいかがであっただろうか？

本書は、毎日のようにマスコミを賑わすＭ＆Ａが大企業だけのものではなく、生存・成長に日々悪戦苦闘する中小ベンチャー企業にとっても有益な武器であることを知ってほしいと思い執筆した。

Ｍ＆Ａをするということ、それは企業の売り手と買い手が一緒になり、シナジー（相乗効果）を生み出し、世の中に新しい価値をもたらす、ということが期待される行為である。そしてそのようなＭ＆Ａが増えれば、経済の中のヒト、モノ、カネ、情報が循環し、生産性向上や活性化につながることになる。もちろん、Ｍ＆Ａは異質な文化の融合であるから、結婚と同じく成功もあれば失敗もある。また綺麗ごとばかりで済まないことは経営者ならお分かりであろう。しかし、我が国の中小ベンチャー企業の問題・課題に対して何も手を打たなければ、総体として今後ジリ貧となっていくのは火を見るより明らかだ。

本書との出会いにより、Ｍ＆Ａという世界を改めて認識し、その活用について前向きになる人が一人でも増えてくれれば、筆者としてこれほどうれしいことはない。
現在、筆者はクラウドファンディング事業の傍ら、M&A専門というよりは、FA（ファイナンシャルアドバイザー）としてM&Aを含む幅広い財務戦略アドバイス（資金調達～資産運用）を行っている。読者の中で、ご相談したいことがあれば、著者紹介欄のEメールアドレスまでご連絡いただければ、出来るだけ誠実に回答したいと思う。

最後に、前著「次世代ファイナンス　クラウドファンディングで世界を変えよう！」同様、本書の企画段階から貴重なアドバイスをいただいた株式会社ジャムハウスの池田社長、幼く手がかかる子供を抱えつつ、デザイナーの仕事を深夜までこなし、終始本書原稿書きを励ましてくれた妻、傘寿（さんじゅ）を迎えていつも明るく元気にそして仕事までしている両親、初稿に目を通し、アドバイスしていただいた児玉 健氏（元 国際証券 現三菱UFJモルガンスタンレー証券）と岸上 輝光氏（三井住友信託銀行）には心から感謝したいと思います。また応援していただいているすべて皆様のおかげでもあります。
本当にありがとう！

二〇一五年　六月吉日

佐々木 敦也（ささき あつや）

1983年 筑波大学第一学群社会学類
（法律学専攻）卒

住友信託銀行（現三井住友信託銀行）、
朝日生命保険でエコノミスト、債券・為替
ファンドマネージャー、
朝日ライフアセットマネジメントで
年金ポートフォリオマネージャー等を歴任。

20年間一貫して信託銀行、生命保険会社、
投資顧問会社において資産運用関係業務に
従事する。

2003年 既存にない経済・金融サービスを
目指して独立。豊富な金融経験を活かし、
起業支援NPO、金融コンサルティング・M&A・
不動産・投資教育事業会社などを設立、運営を行う。
実績案件多数。

2014年 クラウドファンディング事業を行う
一般社団法人「筑波フューチャーファンディング」設立 代表理事

2015年 DANベンチャーキャピタル株式会社 登録ベンチャーキャピタリスト
有限会社あおむしマネジメント 代表取締役

※公益社団法人 日本証券アナリスト協会 検定会員

［好きな言葉］

人間万事塞翁が馬（にんげん ばんじ さいおうがうま）

人生における幸不幸は予測し難いし、いつどう訪れるかは誰にもわかりません。幸せが不幸に、不幸が幸せにいつ転じるかわからないのだから、安易に 喜んだり悲しんだりするべきではないのです。2008年のリーマンショック後で受けた公私での人生最大の試練を経て、私はこの言葉を嚙み締めてい ます。そして、いかなる状況でも諦めない気持ちを持ち続けることこそが「人生を最高に旅する」鍵のような気がしてならないのです。

［参考文献］

1.「会社が生まれ変わるために必要なこと」三宅 卓 経済界 2010年
2.「中小企業M&A ３４の真実」藤井 一郎 東洋経済 2013年
3.「M&A成長戦略の教科書」湊 雄二 日本経済新聞社 2014年

●万一、乱丁・落丁本などの不良がございましたら、お手数ですが株式会社ジャムハウスまでご返送ください。送料は弊社負担でお取り替えいたします。
●本書の内容に関する感想、お問い合わせは、下記のメールアドレスあるいはFAX番号あてにお願いいたします。電話によるお問い合わせには、応じかねます。
メールアドレス◆mail@jam-house.co.jp　FAX番号◆03-6277-0581

中小ベンチャー企業経営者のための
“超”入門 M&A

2015年8月31日　初版第1刷発行

著者　佐々木敦也
発行人　池田利夫
発行所　株式会社ジャムハウス
〒 170-0004　東京都豊島区北大塚 2-3-12
ライオンズマンション大塚角萬 302号室
カバー・本文デザイン　船田久美子(ジャムハウス)
印刷・製本　シナノ書籍印刷株式会社

ISBN978-4-906768-29-5
定価はカバーに明記してあります。